“00后”，不用管

打造“00后”高绩效团队的30个关键

耘图　杨光◎著

法律出版社 | LAW PRESS

北京

图书在版编目（CIP）数据

"00后"，不用管：打造"00后"高绩效团队的30个关键 / 耘图，杨光著. -- 北京：法律出版社，2024
ISBN 978-7-5197-8837-7

Ⅰ.①0… Ⅱ.①耘… ②杨… Ⅲ.①企业管理—团队管理 Ⅳ.①F272.9

中国国家版本馆CIP数据核字（2024）第036807号

"00后"，不用管
——打造"00后"高绩效团队的30个关键
"00HOU", BUYONGGUAN
—DAZAO "00HOU" GAOJIXIAO TUANDUI DE 30 GE GUANJIAN

耘 图 杨 光 著

策划编辑 张 岩
责任编辑 程鹏瑶
装帧设计 鲍龙卉
插 画 易本治

出版发行 法律出版社
编辑统筹 重大项目办公室
责任校对 晁明慧
责任印制 吕亚莉
经 销 新华书店

开本 A5
印张 7.375 字数 100千
版本 2024年4月第1版
印次 2024年4月第1次印刷
印刷 三河市兴达印务有限公司

地址：北京市丰台区莲花池西里7号（100073）
网址：www.lawpress.com.cn
投稿邮箱：info@lawpress.com.cn
举报盗版邮箱：jbwq@lawpress.com.cn
销售电话：010-83938349
客服电话：010-83938350
咨询电话：010-63939796

书号：ISBN978-7-5197-8837-7
定价：49.80元
凡购买本社图书，如有印装错误，我社负责退换。电话：010-83938349

导　　言

Introduction

这是一本适合管理者及中小企业主阅读的关于如何管理“新生代”员工的书籍。

管理是一个管理者通过沟通、激励等各种方法，带领团队达成目标的过程。

王东岳老师曾指出：文化绝不是花里胡哨的东西，它是一种生存结构的适配体系。

同样，管理也不仅仅是一个定义，它是大到社会发展、公司发展，小到个人发展的适配体系。

我有二十多年的丰富管理经验，从开始只带领2个人，到后来成为拥有4000多名员工的企业家，又转换赛道，其间起起伏伏，酸甜苦辣非一朝一夕可以尽述。当时，我最大的渴望是，要是有一本“管理葵花宝典”给我指点迷津该多好。二十多年后，我终于自己写了一本“管理武功秘籍”，它是我多年成功、失败、逆袭等经验的累积，我坚信，它一定能陪你走过漫漫职场路。

为什么本书要介绍针对“00后”的管理方法呢？因为这些年，随着家族下一代孩子长大，我再一次跟着他们“重返”职场，感受到非常剧烈的思想碰撞。在不断试错与交流中，我发现，“00后”固然有群体共性，但是，就像“80后”与“70后”有区别一样，管理的核心不在于对象，在于底层逻辑。我相信：大道至简，只要抓住底层逻辑，无论外部环境怎么变化，管理都是有方法的。

“新生代”不能简单地被定义为“95后”或“00后”，而应该代表成长起来的新一代职场人，他们可能是“95后”“00后”，也有可能是未来的“10后”。

从生长环境和外在表现来看，他们已经是完全的互联网“原住民”，他们有“与众不同”的行为方式，比如，“养宠”“排队买盲盒”“随心所欲入职或离职”“非常坚持个人的独特见解”等。这些对于“70后”“80后”，甚至“90后”的管理者来讲，无疑是个巨大的挑战；如何找到突破口，升级迭代管理方法，找到一种行之有效的管理方法就显得格外迫切。

而我想送你三个字：不—用—管！“不用管”有两层含义：

第一层含义，是我们管理者需要突破自我固有的思维模式，从自己的世界走出来，进入“新生代”的世界。当你成为他的老师、朋友，不断地启迪他、引导他，根本“不用管”，他也会自我驱动，向前奔跑。

第二层含义，是我们管理者要好好“管理自己”，提升自身的修养和管理能力，才能带出高绩效的“00后”团队。

本书插画，我特意邀请了非常优秀的“00后”插画设计师BEN，他独辟蹊径，以“六角恐龙”为插画主角原型，设计了主角“六六”，我与BEN一拍即合：2000年出生的孩子正好属龙，以此代表“新生代”。“六角”则展示了“新生代”的多面性，和这本书的观点不谋而合。

本书从管理的定义着手，分别从目标、执行、沟通、激励、领导力来阐述提升团队战斗力的30个策略。

每一章的结构，基本按照“本章导读”—“场景案例”—“案例解析”—“管理三板斧”—“小贴士”的流程来展现，既简单又便捷，你可以一章章地翻看，也可以随时“查字典”般有针对性地去看。

在“不用管”里，让我们轻松愉快地掌握管理知识。

目　录

Contents

第一章

共建愿景：先定一个小目标

本章导读

目标是企业愿景，是个人梦想。目标落地了就是方向、是“灯塔”，将时刻照亮我们的人生。

1.1 协助“00后”定目标：它就是你选择的人生

“未来有什么打算？”

“跟着公司共同发展！”

场景案例

我喜欢问“新生代”员工一个问题：你未来有什么打算？

我得到的回答，95%都是模糊的。有人说：“走一步是一步”，有人说：“跟着公司共同发展”，还有人说：“想创业，但也不知道怎么弄，什么方向好像都可以……”

没有明确目标的新人，我会把他放在基础执行岗位；而有自我规划的新人，我则把他纳入新晋主管的培养体系。

案例解析

为什么我会对有明确目标的新人“另眼相看”？

哈佛大学有一个非常著名的“目标对人生影响”的跟踪调查。调查对象是一群智力、学历、成长环境都类似的年轻人，调查结果发现：

27%的人，没有目标；

60%的人，目标模糊；

10%的人，有清晰但比较短期的目标；

3%的人，有清晰且长期的目标。

25年以后，跟踪调查的研究结果，让人们大吃一惊。

那3%有清晰且长期目标的人，25年来几乎都不曾更改过自己的人生目标，始终多年如一日地朝着同一个方向不断地努力；25年后，他们成了社会各界的顶尖人士。

那10%有清晰的短期目标者，大都生活在社会的中上层。他们的共同特点是：那些短期目标不断被达成，生活状况稳定且呈上升趋势，成为各行各业不可或缺的专业人士，如医生、律师、工程师、教授等。

那60%的目标模糊者，几乎都生活在社会的中下层，平常尚且能安稳生活与工作，一旦碰到天灾人祸则无法安然度日。

剩下27%是那些25年来都没有什么目标的人，他们几乎都生活在社会的最底层。生活过得很不如意，常常处于失业状态，靠社会救济，并且总在抱怨他人、抱怨社会。

该项调查的最终结论是：

目标对人生有巨大的导向性作用。

所以，不管是挑选新人，还是培养家里的后辈，“有没有目标”是我的首要考量点，谁不想和未来可能有成就的人合作呢？

成功的定义有很多种。但我坚信：成功，在一开始仅仅是你的一个选择。你选择什么样的目标，才会有什么样的成就，有什么样的人生。

管理三板斧

目标的重要性不言而喻。

目标就像原动力，没有动力的支持，我们又怎么能努力拼搏呢？就像开车去往目的地需要定位一样，不知道定位方向，加油又有什么用？

没有目标，我们也不会得到天时地利的“照应”。毕竟，老天爷不知道你想要什么，怎么给你送去机遇和好运？贵人不知道你所求，怎么让你搭上他的“顺风车”？

这里再讲讲关于目标的三个重要思考：

第一板斧：目标是“一定要”而不是“想要”。

“赚钱过上美好生活”是目标吗？“赚钱”是目标，但“美好生活”不是“一定要”的理由。赚钱的意义不仅仅在于过上美好生活，它的终极意义在于选择的自由。我们在定目标时，虽然有量化、有时间节点，但往往忽略了它本身更深刻的意义。

“美好生活”，不用赚钱也可以得到：爱人的拥抱，孩子的微笑，山里的空气、溪水……这些，会让你有十足的赚钱动力吗？不太会，因为只要你愿意，这些是随时都可以拥有的。此时，你的“期望达成强度”只是“想要赚钱”而不是“一定要赚钱”。而当你把赚钱的意义定义为“可以拥有选择的自由”时，你将会马力十足。

“选择的自由”包含很多：你可以选择过什么样的生活，也可以选择金钱是流向自己还是流向世界。

记得有记者采访一位超级大富翁：“您已经拥有几十亿美元的资产了，为什么您的生活如此朴素，而您还在这么努力地工作？”

大富翁的回答让我很震撼。他说：“我的目标是建10所大学、10家关于妇女和儿童的医院，成立10个关于未解之症的基金会……我的目标还没有达成，当然还要继续努力工作啊。”

这个时候，我深深感受到，大富翁的“期望达成强度”是“一定要赚钱”而不是“想要赚钱”。

第二板斧：“一定要”的状态是：达不成就破釜沉舟。

如果你的状态仅是“想要”，结果十有八九达不成。

“想要”“非常想”可能会让你在遇到好机遇时成功，但也有可能让你在99步的时候主动放弃。

唯有“一定要”会让你不惜一切代价去达成，因为没有什么比“舟沉”更令人难以接受，所以你一定会想尽一切办法去达成，不给自己留退路。

当然，“破釜沉舟”是一种置之死地而后生的状态，一种为目标背水一战的状态；如果你把达成这个目标看得和生命一样重要，有什么困难可以阻挡你呢？想想红军二万五千里长征，是什么促使他们用生命去捍卫家园？是“一定要”保卫我们家园的巨大决心！

第三板斧：努力找到“为何”的意义，此意义让你持续地热血沸腾。

人无法持续做自己都不知道为什么要做的事情。

就如前文“第一板斧”里所说的“赚钱是为了美好生活”，一段时间后，如果遇到困难，你可能会自我安慰：何必把自己弄得那么辛苦，要那么多钱干吗？你没有挖掘出“赚钱”让你“持续热血沸腾”的意义，一旦遇到“瓶颈”，你就会选择放弃。

所以，唯有深入剖析自己，找到发自内心渴望实现的目标及背后的意义，一切才会真正开始。

我的小故事

似乎每个人小时候，都会被问到长大了想干什么？我很清晰地记得我的回答是当个老师或者当个军人。当时还不懂什么是目标，也不知道如何一步步朝目标迈进，只是这样懵懵懂懂地幻想着，但也觉得甜滋滋的。

遗憾的是，小学二年级就近视的我，最终和"当个军人"的梦想擦肩而过；而"当个老师"的梦想也因种种生活的磨难而与我渐行渐远。

直到开始创业，没想到百转千回，我从事的居然是教育培训行业！只不过，我当初的梦想是在学校当老师，而现在变成了在社会上教成年人。这冥冥之中牵引我的是什么？若干年后，我才领悟，这是目标的召唤，是梦想变成了目标，最终变成了现实。

这，是我从小就选择的人生！

传道、授业、解惑，是我选择的角色，是我选择的奋斗方式，是我选择的人生。而这些，离不开目标，离不开最初的梦想。

创业经历几起几落，困难重重，可一想到这个“目标”是我自己“选择的人生”，还有什么可抱怨的呢？“朝闻道，夕死可矣”，目标一旦定下，就代表我选择了一个奋斗的人生，唯有朝着目标去奋斗！

就这样，我在梦想的指引下不断实现各个目标。公司成立十周年之际，我管理着几千人的团队，为上万家企业服务；上海世博会期间，我还被聘成为志愿者培训“专家导师”。

1.2 如何“找到”自己的目标：告别仪式上你听到了什么

告别仪式上你听到了什么？知道了这个答案，你就知道了你人生的终极意义。

场景案例

在聊完了目标的超级影响力后，新人们纷纷表示想做那13%的人。

但也表示疑惑：如何找到自己的目标呢，什么样的目标才值得毕生追求呢？

人生不过百年，想象一下自己的葬礼。这个场景中，家人、领导、朋友、同事在发言台上念着悼念词，他们的表情是怎样的？他们说了些什么？请将你想象中“看到的”表情和“听到的”发言记录下来。如果可以，也可以继续发挥想象，当你离开这个世界10年、100年乃至1000年后，人们是否还记得你？人们会怎样评价你？

这些问题的答案里面有你人生的终极意义，它是你真正的梦想！而这些梦想就是你现实目标的“前身”。

案例解析

相比较而言，公司目标、部门目标，会比个人目标更容易制定。我们可以用“冥想”的方式去确定下列问题的答案：公司要“活”几年？在行业里是第几梯队？客户会如何评价你？同行又会怎么评价你？在员工的心目中，这家公司的定义又是什么？

通过“冥想”的方式，我们很容易找到自己在各个维度的目标。

管理三板斧

第一板斧：梦想与目标

“找到”目标后，再进一步思考，这就是最终目标吗？未必。所谓目标，对公司来说，是“愿景”；对个人来讲，则是“梦想”。

梦想和目标的差别是什么呢？

梦想是概括的、形象的，而目标必须是具体的、量化的。

目标本身具有数学属性，因此，不能量化的目标并不能算是一个目标，最多只是一个想法。准确来说，目标，是量化后的梦想。

第二板斧：量化与时间节点

提到目标，最经典的有效目标是“SMART原则”，即一个有效的目标，必须符合以下5个条件：

1. Specific：具体的；

2. Measurable：可以量化的；

3. Achievable：能够实现的（并非指狭义上的根据现实来定的目标能够实现，而是指经过量化分析，系统评估后得出的结论可实现）；

4. Result-oriented：注重结果的；

5. Time-limited：有时间限制的。

我们稍作总结归纳，就会发现核心条件其实就两条：量化和时间节点。

量化是一个数学概念，也就是说，它所呈现的是一个数字。如果不能用数字表示，那我们可以进一步分解，将目标形态化、具体化。

如果我们的目标是买一套房，则可作这样的分解（见表1.1）：

表1.1　买房目标的具体分解

序号	形态化	数字化、具体化
1	哪个城市的房	某某市
2	哪个地段与价位的房	中心城区，6～10万元/平方米
3	多大面积	三室两厅，150平方米以内
4	朝向	坐北朝南
5	楼层	11楼以上
6	停车位	2个，买一租一
7	是否学区房	最好是学区房
8	是否有露天阳台	至少9平方米，需要养花种菜
9	周边环境	最好有医院、超市、游乐场等

如果目标是找到一份好的工作，则可将目标分解（见表1.2）：

表 1.2　找工作目标的具体拆解

序号	形态化	数字化、具体化
1	公司规模	几人的公司
2	公司性质	民企、国企还是外企
3	薪水	年薪多少
4	岗位情况	是否是自己喜欢且愿意做的
5	前途如何	是否符合自己的职业发展规划
6	领导如何	是否与自己“合拍”
7	通勤时间	多长时间可以接受
8	公司文化	是否是自己心仪的
9	与自己的目标是否吻合	是否愿意3～5年都在这家公司

如果你的目标是提升修养，改善人际关系，提升身体健康状态，指标的量化需要先找到现实中的榜样。

例如，目标是像张老师那样拥有当众演讲的能力，量化指标（见表1.3）可以是：

表 1.3 演讲能力培养的量化指标

序号	形态化	数字化、具体化
1	每天看相关书籍	几小时
2	每天对着镜子练习	几小时
3	每天看段子	碎片时间几分钟，或几条
4	每天练习回答问题	1个问题，3种答案
5	学习表演	报名参加××培训班
6	每周都在公众场合演讲	1～3次

目标量化和时间节点缺一不可。

时间节点，是指不管什么目标，都应该明确一个完成时间，可以是某年某月，也可以是某日某时某分。没有时间节点的目标，量化得再好，也会因为没有"deadline"而变得遥遥无期。它也更容易成为你拖延、懈怠的借口。

没有时间节点的目标都是无效目标，既然无效，谈何达成？

第三板斧：角色与阶段

在曾经的管理岗位上，因为工作拼命，加上管理成绩优异，我常被人称为"女强人"。那时年轻气盛，我非常不喜欢这三个字，"女强人"不就等于"强势"吗？我明明是亲切和蔼的。

但随着时间推移，我渐渐不再纠结别人眼中的我是怎样的，而把更多时间放在探寻自己到底有“几面”？每一面我是否能做得足够好？

工作中，我选择“强势”一点，作为领导，责任就是引领，没有强大的信念和执行力，无法胜任。

生活中，我选择“弱势”一点，家不是讲道理的地方，和谐有爱第一位。

作为子女，我会陪伴年迈的父母，耐心聆听父母的心声，帮助父母完成他们的愿望。

作为母亲，我选择“望己成凤”，做孩子的榜样，和孩子共同成长，各自奔赴自己最喜欢的人生。

终其一生，每个人都会有许多角色，做好每个角色所赋予的责任，你就能享受其中的美好。

我非常建议每个人按照自己的节奏来承担角色责任。现在的“新生代”，本就有非常明确的个人主张，更加遵从自己的内心节奏，这一点我非常欣赏。

综上所述，想清楚你每个人生阶段的角色目标，这样定下的目标，才会最终助你走向梦想的彼岸。

1.3 如何评估目标：目标的高度是“身高”还是“篮板高”

“天天开心快乐”是一个有效目标吗？

场景案例

明白了想要追寻的梦想，新人不禁又陷入迷茫：月薪5000元的我，何时才能买到房？我的梦想是不是不切实际？

又或者：我现在没什么能力特长，如果慢慢学习、积攒能力，我这辈子多会儿才能有成就？

还有很多新人，设定的则是些既未量化又没有时间节点的无效目标：“成为有钱人”“学好英语”“能够胜任工作”“天天开心快乐”“尽自己最大的努力做好这些事”“开一家属于自己的公司”等。

案例解析

很多人将没有量化、没有时间节点的“想法”当成目标，其结果是既无法评估结果，也无法跟踪进度；更严重的是，非常容易让自己无意识地压缩梦想以适应残酷现实。

还有些新人，会受现实的局限，很难把目标建立在自我憧憬上。例如，我的身高160厘米，我就只能找一个比我矮的爱人，但心里明明期待的是身高170厘米的太太。

将目标建立在“现实可能性”上本身是没有问题的，问题在于，这样定出来的目标，十有八九不会是什么大目标，毕竟，没有“篮板”的引导，我们弹跳的潜能怎么能够被激发？

另外一些人，则根据看到的信息，拥有的资源来确定目标；而不是先确定目标，再来寻找相对应的信息和资源。

这两者有什么区别呢？

目标一旦确立，其实就相当于给你的大脑下达一条指令：与目标有关的信息就是重要信息，与目标有关的资源就是重要资源。那些不重要的信息就算你“看”到，大脑也会帮你自动过滤。

例如，备孕的准妈妈会发现身边很多人都是“准妈妈”；当你准备买房时，你会发现周边都是房产信息；如果你想看一场演出，你也会轻而易举地知道演出信息。但如果你不是准妈妈，也不计划买房，更不想看演出，那么，这些信息也就不会“出现”在你眼前。事实上，不是这些信息不存在，也不是你的周边没有这些信息，而是你的大脑认为它们不重要，自动将这些“无效信息”过滤了。

确立“篮板”般的精准目标，与目标相关的信息就会“自动”向你涌来；而没有目标或者基于自身“身高”设定目标，你得到的就只能是一些随机信息、无效资源。

管理三板斧

机会只会降临在有准备的人身上。

我深以为然，这里的“有准备”就是指，有足够高的明确的目标。很多人抱怨生不逢时，殊不知我们每个人一生中其实都会遇到许多机遇，可若我们没有设定“篮板”目标，即便机遇出现在眼前，我们未必能“看到”。

请从如下3个方面评估自己设定的目标是“篮板高”还是“身高”？

第一板斧：是否量化且有时间节点。

该项内容在本章第1.2部分已有详细论述。本部分不再赘述。

第二板斧：举起手来蹦一蹦，那才是目标该有的高度。

如果根据现有能力设定目标，结果难免会让人遗憾。因为，目标太简单，个人的潜能就无法显现。能力不是天生的，而是后天不断刻意练习才不断拓展的。以较高目标为导向，好好探究自己的能力边界，其实只需要一个决心。

第三板斧：以终为始，先定目标，再去争取达成目标所需要的各种能力、信息、资源。

设定一个具有可行性的目标，我们还是需要有“拍脑袋”的勇气的，先勇敢设定“篮板”目标，具体实操时再根据实际情况进行调整。总之，找到一个足以让自己兴奋、愿意长时间为之付出的目标，你的人生将充满惊喜。

1.4 目标如何拆解：试试“剥洋葱法”

三年，从新人到部门经理，如何分解？

场景案例

“目标如何变成计划？”“谁能够像机器人一样一板一眼地去完成计划？”“这条目标达成的路径又该如何设定？”新人们纷纷发问。还有些新人甚至说：“我从小到大都没制订过计划，也活得挺好。”

案例解析

有目标没计划，结果肯定是失败的。如果你的目标是登上珠穆朗玛峰，没有计划，结局可能就是早早地被埋在雪山。

如果你目标拆解的最小单位是“天”，你就得把目标任务量化到每一天；如果目标拆解的最小单位是“时”和“分”，你就需要清楚每个时段要完成什么任务，这就是计划。

管理三板斧

思路决定出路。定下目标，剩下的就是找方法。本书介绍几种专业又好用的方法。

第一板斧：“剥洋葱法”。

洋葱一层裹一层。我们在拆解目标时，也可以像剥洋葱一样，将大目标分解成若干个小目标，再将每一个小目标分解成若干个更小的目标，一直分解下去，直到清楚每一天该做什么。

目标的达成，是由现在到未来，由简单到高级，由小目标到大目标，一步步往前推进；但设定目标、分解目标的方法则刚好相反，要“以终为始”，运用“剥洋葱法”，由未来到现在，由高级到简单，由大目标到小目标，层层分解。

例如，你已经找到了人生梦想，知道自己想成为一个什么样的人，那么，我们可以用“剥洋葱法”（见图1.1）来分解：

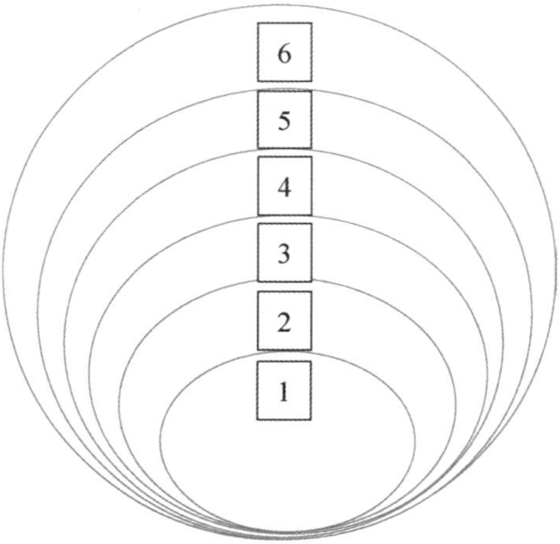

图 1.1 “剥洋葱法”

图1.1中，圈层1代表梦想明确化，这是你人生的终极目标。

圈层2代表人生终极目标的分解，这个部分要注重平衡，你需要分解当下自己最主要的角色需要达成的目标。

圈层3代表长期目标，将圈层2所列的目标逐一分解成几个5～10年的目标。

圈层4代表若干个2～4年的中期目标。

圈层5代表中期目标分解成若干个为期1年的短期目标。

圈层6则代表月目标、周目标、日目标，也就是分解到每个当下该做什么。所有的目标不管有多大，一定要分解到你“现在该去做什么”的程度。我们最好让现在做的每一件事情都跟自己的梦想、目标相关联，避免草草完成目标，最终放弃梦想。

第二板斧：“多杈树法”。

树木，有粗粗的树干、冠状的树枝、茂密的树叶。将其运用到目标拆解上，“树干”就代表总指标，“树枝”则代表各分解指标，而树叶则代表每一个现实目标，即当下要做的事。

在“多杈树法”（见图1.2）的应用中，总指标是分解指标的结果，分解指标则是总指标完成的条件；当所有分解指标实现，总指标的达成就指日可待了。

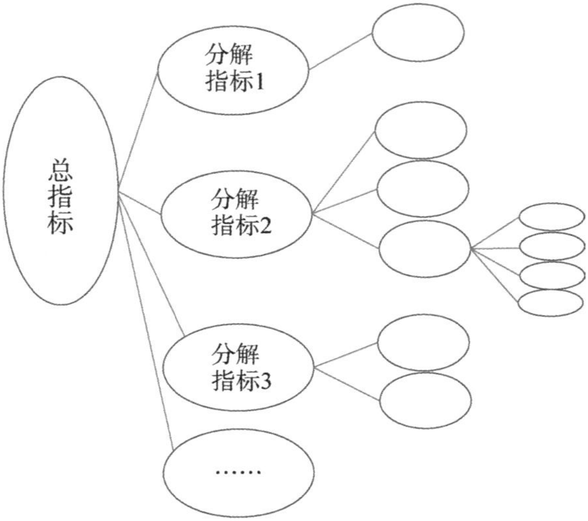

图 1.2　“多杈树法”

写下一个大目标，再思考实现该目标的条件是什么？

列出所有的必要条件及充分条件。检查目标拆解是否充分、完全时，只需从树叶到树枝再到树干，反复思考：如果这些小目标均达成，大目标会达成吗？如果“是”，则代表拆解完全；如果“不一定”，则表明所列的条件还不够充分，需要继续补充“小条件”。例如，我要获得10个准客户，我就需要打100个电话，至少准备300个名单。

我们用某婚庆公司的“业绩目标拆解”来举例：

1. 总指标：该月要完成100万元业绩。

2. 分解指标1可以是订婚宴完成10万元业绩；分解指标2可以是喜糖等物品完成50万元业绩；分解指标3可以是婚庆完成40万元业绩。

3. 每一层的小目标加起来等于上一层的总目标。

4. 第三层和第四层更小的目标可以是完成上级目标需要做的“量化任务”，并分解到每日工作。例如，每天打多少个电话？拜访多少位准客户？与多少商家合作？利用新媒体吸引多少流量？

第三板斧：时间管理是计划达成的保障。

相信大家都很熟悉“时间管理”，时间管理对于提高效率和实现目标非常重要，需要学会对任务的优先级进行排序。以下是时间管理的“ABCD法则”：

“A”代表：紧急且重要；

“B”代表：重要但不紧急；

“C”代表：不重要但紧急；

“D”代表：不重要也不紧急。

在所有要做的事项后标明A、B、C、D的优先次序，事情将变得井然有序。

而影响时间的“不确定”因素很多，比如：电话、微信、会议、不速之客等。我的方法很简单——将变化纳入计划。这里我运用了“橄榄球定律”，即“20-60-20法则”。

例如，我将8小时上班时间分为1.5小时、5小时、1.5小时。

5小时，即60%的时间，用来完成计划里的事情；

1.5小时，即20%的时间，用来应对突发状况；

另一个1.5小时，也是20%的时间则用来统筹规划、检查工作等。

这样，不管我遇到什么“突发状况”，处理突发事件的时间也已经在我的时间规划里了，因此，所有事情都是“计划”之中的。

除了“20-60-20法则”，我还特别推荐一个既简单又超有效的“六点优先工作制”法：准备一个笔记本，将每天最重要的六件事记下来，按照优先级排序后逐一去达成，每完成一个就勾掉一条。采用这个方法，你的效率将大大提升。

1.5 如何“修正”目标：目标是刻在石头上的

“证考出来了吗？”
“没有，等有空的时候再考。”
“那估计这个证一时半会儿考不出来了。”

场景案例

转眼，一年时间已过半，之前招进来的新人已经完全进入工作状态，在各个岗位有条不紊地工作。

部门副总正巧在公司餐厅遇到他们，闲聊之余，关心地问道：“小王啊，我记得你刚入职时谈到要考建造师执业资格证的，还有小张，你说要考电工证的，现在都考出来了吗？”

两位新人面面相觑，不好意思地说：“领导，没想到上岗后工作任务还挺重的，时间紧，就没有去考。”

副总笑了一下，接着问：“那准备什么时候去考呢？”

“等空闲一点儿的时候。”

副总接着说：“那这个证啊，估计考不出来了。”

案例解析

英国有这样一句谚语：“目标刻在石头上，计划写在沙滩上。”

这个观点，我非常认同。目标刻在石头上，是指设定目标后轻易不可改变；而写在沙滩上的计划，是可以随着事情发展而灵活调整的。

像上述案例中的两位新人，要么没有强烈的意愿，要么缺乏周详的计划，达不成目标是显而易见的，最后迫不得已只能暂时放弃“梦想”。

遇到困难，第一反应应该是修正计划，而不是修正目标。如果更改目标成为习惯，那自然会让人一事无成。

目标一旦确定，绝不可轻易更改，尤其是“长期或者终极目标”，但我们可以修正计划。

如果修正计划还无法达成目标，可以退而求其次，修正目标达成的时间。一个月不行，延长至两个月；一年不行，那就花两年的时间。只要坚持到底，这个过程就已经算成功。

如果修正目标的时限还不行，只好退居“第三防线”，修正目标的量。事实上，这已经是在压缩梦想了。做这一决定时，请“三思而行”，目标者请千万告诫自己，不要轻易压缩梦想以适应残酷的现实。应有的思维模式是：不惜一切努力，找寻新的方法改变现状，竭尽所能达成目标。

当然，不管你怎样修正计划，都无法达成目标的话，那么问题大概是出在当初制订计划时考虑得不够周密，“变化”没有纳入计划。可见，99步到100步，不是1步的差距，而是成与不成的距离。

万不得已时，只好放弃该目标。放弃本身就是一个残酷的现实，你不得不宣告失败，而你的自信心也会由此受到打击。但我最喜欢的口头禅是：“没有失败，只是暂时没有成功。”只要我们不放弃，结局就永远不是一个定局。

管理三板斧

目标和计划相辅相成，由计划导向目标，或者由目标倒推计划，都可以判断目标是否合适。让我们来看看如何订立并逐步修订出合适的目标。

第一板斧：目标太“大”怎么办？

当我们把目标拆解成“每天需要完成的小目标”时，你可能会发现，你每天需要干30小时才能把计划完成，那么，这说明你设定的目标太大了。

比如，某在职会计定立目标：2年内拿到会计领域的顶级证书——注册会计师证。

目标拆解显示，他每天需要花8小时在学习考证上。问题是，他还在职且担任管理岗位，无法保证每天8小时的学习，也就是说，他设定的目标太大。

那么，我们可以怎么修订呢？

破解方案1：在不离职的情况下，2年变成5年，或者更长时间，每天安排2～3小时的业余时间学习。

破解方案2：离职，全职在家学习，两年必须拿到证书。

第二板斧：目标太“小”怎么办？

当我们把目标拆解到“每天需要完成的小目标”时，你或许会发现，你每天只需要干2件事就能把计划完成，那么，这就表示，你设定的目标太小了。

比如，某人定下目标，10年内薪水翻一番。

目标拆解显示，他只要做到按时上下班，工作上不出大错，不被炒鱿鱼就可以实现。因为只要公司正常发展，基于物价等因素，大家的薪水都能“翻一番”。

显然，这个目标太小。破解方案就一条：重新定目标。

第三板斧：把“变化”做进计划里。

很多人完不成目标都有个借口：“出现了变化。”

“今天迟到，是因为路上发生了车祸。”

“本月没有完成业绩，是因为客户都出差了，无法面谈。”

“本月计划没有完成，是因为突发了好多状况，导致时间不够用。”

……

这些“突发变化”是不是很熟悉？

但在我的理解里，这些“变化”就叫“借口”。如果你坚决不愿迟到，你是一定能找到办法的。比如，通勤时长1小时，你可以提前半小时出门，如果遇到意外，可以马上调整方案，确保准时到达。

再如，如果你坚决要“完成业绩”，那你一定不会只盯着那几个“出差的客户”，因为一旦无法与他们面谈，就“全军覆没”，或者就算能够面谈，也不代表成功率能达到100%。所以，你要做的应该是加大你的准客户量，甲客户失败，你还有乙客户、丙客户，保证能完成业绩。

我处理“变化”的方法是，不管是任务数量还是完成任务的时间，我都只安排60%的计划量，剩下的40%留给突发状况。比如，8小时的工作时间里，我一般只安排5小时的工作计划，余下的3小时，留给“突发事件”，比如老板突然安排开会，比如员工突然出现状况，比如某客户突然到访。

这样做计划，“意外”的百分比就降到了最低，所以，我的人生不是没有“意外”，而是我把“意外”做进了“计划”里，所以，“意外”是我计划的一部分，是可以预见并达成的。

“梦想”可以“拍脑袋”，目标却必须有清晰的路径去达成，它是一个理性的行为，有它的循环闭环。所以，我们一定要为自己的目标，做详尽的拆解与评估，既不能因为目标太大而导致结果失败，信心受挫；也不能因为目标太小而浪费时间，导致自身潜能无法充分发挥。

我的小故事

我曾在线上参加过一个“打卡”比赛，团队成员是来自五湖四海的陌生人，我们的任务是连续21天早晨6：00：00打卡。是的，你没看错，是必须精确到秒的打卡比赛。

参与竞赛的团队有6组。我所在的小组成员大多是二胎宝妈，也有在职白领，还有一天打三份工的在校大学生。事实上，小组拿冠军的机会并不大，而且好多组员都觉得这只是个游戏，无须太在意。我硬是通过各种方法，最终带领团队拿到了冠军。在拿到冠军的那一刻，大家都在线上会议里哽咽了，他们深深认识到，虽然只是个打卡，但其中的精神，却能让他们受益终身。

我是怎么做到的？除管理确认每位小组成员会准点打卡

外，我还特别制作了“不能准时打卡情况一览表”，里面详细分析了各种现象背后的原因，让大家“无路可逃”；同时，我还会分析其他团队的打卡情况，以保证我们的“冠军”地位。最重要的是，我常给团队成员打气：“没有‘运气’一说，所有好结果，都是计划而来。”让大家不要心存侥幸，而是必须保证我们全体准点打卡，这样，就算别的团队也是零失误，我们也能拿并行冠军；而如果别的团队不幸失误或打卡失败，我们就能稳拿当天的冠军。所以，冠军不是等对手失误拿到的，而是自己拼尽全力做到最好拿到的。

没有“运气”一说，所有的好结果都是计划而来的；如果有“运气”，那也是我们足够努力，让“老天爷”看到了“足够高”的我们。

1.6 如何将个人目标与企业目标相结合：千斤重担几人挑

> 很多老板问我："为什么公司里最忙的是我，业绩指标到最后也是我一人扛？"

场景案例

很多公司老板咨询我："为什么公司里最忙的人是我，公司的业绩指标到最后都是我一个人扛？"

能思考这个问题的老板，是有着清醒自我认知的，大多数老板习惯在"我最忙"和"我最牛"的情绪里沾沾自喜。

而员工，要么浑水摸鱼，要么因能力无法充分发挥而离职，很难有员工会替老板思考“为什么老板承担了所有”的问题。

案例解析

“人人有指标，人人都能完成指标的团队”是每个老板都梦寐以求的。遗憾的是，梦想很美好，现实很残酷；即便管理者制定了目标，出了奖励方案，团队也很难像“打了鸡血似的”去努力工作，竭尽所能地完成目标。相反，很多团队成员的状态可能更多是茫然而不知所措，需要老板时不时地“打鸡血”，最后，业绩还是由老板一个人扛下。

为什么会出现这样的现象？

第一，很多团队成员根本不知道劲往哪里使，更不知道自己的努力对团队目标的实现有没有帮助。

第二，可能很多团队成员，不知道自己目前离目标还有多远，什么时候才能实现。

第三，面对团队大目标，很多团队成员会担心：如果我太努力，但别人不努力，我岂不是很吃亏？

如果我们的团队遇到这样的问题，那该怎么办呢？

我的方法是从源头开始抓。也就是说，在开始定目标的时候，就请所有团队成员一起参与，目标的分解也不是简单的“平均主义”，而是“认领”与“二八法则分配”同时进行，把不同的目标进行精细化拆解，细化到每个团队成员。明确每个人承担多少业绩，出多少单，并在此过程中不断检查、复盘、改进。

管理三板斧

我们来聊聊团队目标管理的“三板斧”：

第一板斧：团队目标认同需要“文化先行”。

员工是否愿意承担责任？是否愿意主动想方设法实现目标？能否在遇到困难时依然充满信心地解决问题？这些都是团队目标管理中的关键问题。

事实上，如果员工并不认同团队目标，那么在面临问题的时候，大家一定是先逃避，而不是去解决问题。

针对这个问题，我们公司是用“文化先行”的方法来引导成员认同团队目标的。公司从创立开始，老板就定了一条“铁律”：每年的业绩翻三番。如果这个业绩指标是百万级还好说，到了千万级，翻三番就不是一个简单的数字目标，而是需要大家真枪实弹地去市场上拼杀。

如何让大家认同“每年业绩翻三番”的团队目标呢？我们公司的每一位新人，在入职时都需要进行为期7天的新员工培训，除了培训相关岗位技能外，最重要的一项培训内容就是学习公司文化，而其中最重要的一条文化又是：不是不可能，只是暂时没有找到方法。

认知决定高度，思维决定出路，正是因为我们每一位员工都坚信并践行“没什么目标是不可能达成的，想办法，一定可以”的公司文化，遵守“每年业绩翻三番”的铁律，我们的公司才能成为拥有三四千名员工的大公司，并跃升为行业前三名。

第二板斧：团队目标达成需要“人人参与”。

如果“公司目标”是棵大树，那这棵大树一定是所有团队成员的大树，只有人人用心浇灌才能长大。所以，团队不管是定目标，还是分解目标，抑或做计划，一定要人人都参与。

我常拿“离婚”和“离职”来举例：为何很多员工稍微工作得不开心就会选择离职？但大多数人进入婚姻，一般都不轻易离婚。

那是因为，一旦结婚，夫妻就需要共同承担责任，养家育儿，照顾双亲；要是离婚，金钱、时间、感情、精力等各种成本太大。

但在公司，对员工来说，离职是没什么成本的。不需要与公司共同承担什么，所以，离开的时候，也不会特别难过。因此，如何让员工对公司有归属感和责任感，就特别重要，核心的方法就是，让员工像“结婚”一样，对公司的目标有充分的参与感，共同浇灌公司目标这棵大树。

员工参与得越多，就越对公司有感情和责任，对于“公司目标”，他将“视如己出”。

第三板斧：目标管理需要“资源支持”。

员工不愿意承担团队责任往往有三个原因：

第一，不认同目标；

第二，担心扛不住目标；

第三，认为达成目标有风险。

将公司目标转化为员工责任，我也有三个策略：目标激发、机制考核、资源供给。

目标激发解决了任务与员工关联性的问题，机制考核解决了员工行为牵引的问题，资源供给解决了员工能力欠缺的问题。有了这三个策略，将公司目标转化为员工责任，就有了清晰的路径和方法。

其中，资源的支持尤其重要，因为它关系到员工的信心与归属感。管理者要积极展现能给予的支持，协助员工更好地达成目标。所谓资源，除客户资源外，业务流程的标准化、手册化，专业基本功的培训，复杂问题的辅导，典型案例的复盘与总结，都是管理者能积极给予员工的资源支持。

第二章

使命必达："把信送给加西亚"

本章导读

《把信送给加西亚》是一本阐述执行力的经典书籍。事实上，目标越清晰，越需要强而有力的执行团队推进，这样才能成功地把"信"送给"加西亚"。

2.1 树榜样：以身作则胜千言

你上班都不打卡，凭什么要求我们不迟到。

场景案例

外甥离职了！我们都挺惊讶，他的公司发展前景挺好，福利待遇各方面都挺不错的，怎么突然就辞职了呢？

问其原因，他说："公司前景挺好，就是上级言行太过不一致，实在看不惯，待不下去干脆就辞职。"这让我想起一位管理专家说的话："员工不会离开公司，只会离开上级。"

具体怎么回事呢？原来，他们公司八点半上班，但领导每天都得十点多才到公司，遇到一些需要他签字的紧急方案，都找不到人，而且，领导每周例会总是明里暗里要求大家加班赶进度，但他自己却在上班时间玩游戏、看视频。

公司上下怨声载道，领导却雷打不动。

案例解析

领导者如果认为，公司规则只是为普通员工制定的，自己可以不需要遵守，那就大错特错了。

公司规则，应该是公司全体人员都必须遵守的规矩，董事长、公司总裁、总经理、部门经理等高层管理者也必须遵守。如果把自己当成高高在上的领导，认为下面的事有员工做，自己可以绕“规则”而行，那是非常错误的想法。

所谓“上行下效”，是指上面有“榜样”，下面就有效仿者。如果领导不遵守公司规则，持续下去公司上下就会形成一股懒散作风，足以让公司跌入失败的深渊。

领导的一举一动，本就容易被团队成员观察和讨论。

而依赖领导指导而去执行的团队成员，会根据持续观察的结果，安排自己下一步的工作。所以，言行不一的领导，很容易让下属对团队、对公司失去信心，并导致团队执行力大打折扣。

管理三板斧

怎样才能很好地做到"以身作则"呢，看看自我管理的3个小妙招：

第一板斧：具有自我管理意识及素质。

善于自我管理的企业领导者能够独立思考、工作，无须监督也能自我进步。

例如，知名企业家王石，他能够以业余运动员身份登上珠穆朗玛峰，就是因为他自我管理的能力非常强。

首先，他非常遵守规则。爬山要求防晒油要涂抹两层，他就一定认真涂抹两层，而且涂抹得特别厚。

为了实现目标，他也不怕吃苦，为保持能量，再难吃的食物他都能往下咽。更厉害的是，他自我监督的能力非常强，计划几点进帐篷就几点进帐篷，说几点睡就几点睡。在山上一般是17时睡觉，但大家聊高兴聊到20时睡是常有的事，但王石一定会督促自己准点进帐篷休息。有一次，在珠穆朗玛峰7000多米高处，景色壮美，但王石克制自己不出帐篷，因为动一次，能量就损耗一次。恰恰是通过这些近乎严苛的自我管理，王石才得以成功登上珠穆朗玛峰。

不管公司目标多么明确，如果缺乏了强有力的执行团队，一切也就如空中楼阁。而想要有执行力强大的团队，首要的要求就是：领导有明确的自我要求并能做到。

养成自我管理的习惯并不难，为大家推荐“你就是钻石”法（见图2.1），该方法运用的是大家都熟悉的“21天养成一个好习惯”的原理。

我：×××，承诺以下21天每天6时起床。监督人：______。
如果全部完成，则奖励：______________________________。
但凡有一天没有完成，则惩罚：__________________________。

星期一	星期二	星期三	星期四	星期五	星期六	星期日
1√	2√	3√	4×	5……	6	7
8	9	10	11	12	13	14
15	16	17	18	19	20	21

图2.1　“你就是钻石”法

第一步：确定接下来的21天要养成的1～2个好习惯。

第二步：在月度计划表上画出这21天。

第三步：确定监督人。

第四步：确定完成了有什么奖励，没有完成有什么惩罚。设定奖惩的原则是奖要奖得"心花怒放"；罚要罚得"痛不欲生"。

第五步：开始执行，每完成一天就给自己打钩（√），反之，则打叉（×）。

第二板斧：不断升级迭代，进一步提升领导竞争力。

领导之所以能成为领导，是因为领导者掌握着对团队有用的技能，因此，领导的绩效标准应比团队成员更高，这自然也就倒逼着领导不断学习进步，不断迭代升级技能。

再加上，大量"新生代"员工进入职场，他们的语言、习惯、思维方式，和老员工完全不同，领导必须不断升级迭代自己的管理方式，才能与"新生代"员工"众乐乐"。

孔子在《论语》开篇就讲道："学而时习之，不亦说乎？"其中，"习"字的繁体字是"習"，《说文解字》一书指出："习，数飞也。从羽，从白。"数飞，就是一次次锻炼实践的意思。说到底，圣人在千年前就阐明边学习边实践，学有所用，不断升级迭代是让人开心快乐的事情啊！

第三板斧：有魄力讲诚信；承认自己不够完美，并努力带头改正。

领导应独立自主且拥有值得员工信任的认知力和判断力，有魄力、讲诚信的领导者才是员工愿意追随的。

不过，领导也不用把自己“高高挂起”，遇到自己无法做成的工作，承认自己的不完美，但努力带头复盘改进，反而有利于团队更好地成长。

我们公司处于转型期的时候，当时的销售总监带着团队出去竞标，这是个很重要的标案，公司上下都盯着这个案子。销售总监带着团队夜以继日地准备，遗憾的是，他们竞标失败了。团队成员都很沮丧，特别是产品经理，他尽力介绍了公司转型期的最新产品，但他感觉自己讲得不够好，很担心会受到领导的批评。

但销售总监什么都没说，还请大家好好吃了一顿，席间，他诚恳地和大家说：“我们没有失败，只是暂时没有成功。另外，这次的责任不在大家，作为负责人，没有拿下项目，确实是我的责任。当然，每个人也可以反省下自己，回去我们好好总结反省，更加扎实地练好基本功，大家打起精神！相信属于我们的大单子会来的！"

简简单单几句话，把团队成员感动得热泪盈眶。后来，公司成立分公司，这位销售总监成为分公司第一位总经理。同年，他带着团队，成功拿到了与上海市政府合作的"世博志愿者培训"的大项目。

我的小感悟

领导的"魅力值"一般分为三个阶段（见图2.2）：

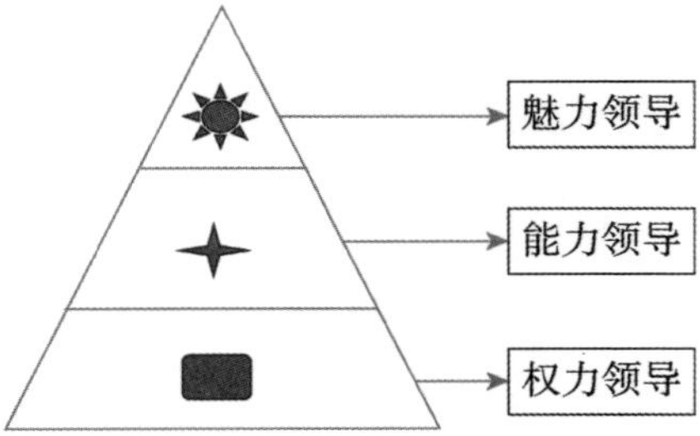

图 2.2 领导"三力"

第一阶段：权力领导。这个阶段，员工听也得听，不听也得听，因为"官大一级压死人"。但作为领导，如果管理只有所谓的“权力”，到底能不能服众并得到爱戴，就不得而知了。

第二阶段：能力领导。这个阶段，员工不会做的，领导来做；员工不行的，领导来上。这个阶段的领导，既有权力，又有能力，是更能让员工信服的。

第三阶段：魅力领导。这个阶段，权力、能力都不是那么重要了。20世纪初，德国社会学家马克斯·韦伯（Max Weber）提出“魅力”这一概念，意指领导对下属的一种天然的吸引力、感染力和影响力。罗伯特·豪斯（Robert House）于1977年指出，魅力型领导者有三种个人特征，即高度自信、有支配他人的倾向、对自己的信念坚定不移。

这让我想到了三国时期的刘备，他文比不过诸葛亮，武比不过关羽、张飞。但他却能让一众能人对他忠心耿耿，助力他拿下一把手的交椅，这是为什么呢？

因为刘备宽厚仁德、乐善好施、深得人心。他对臣子，没有上级对下级的颐指气使，更不会将他们当作用过即弃的棋子，而是真的把他们当兄弟。因此，刘备凭借自己极高的人格魅力，从一个卖草鞋的汉室没落子弟，逐渐拥有关羽、张飞、诸葛亮等英雄豪杰的辅佐。他们与刘备生死与共，共同追随“复兴汉室"的理想。

一般人无法成为像刘备这样"高度自信、拥有支配他人的倾向、对自己的信念坚定不移"的魅力型领导，但至少我们知道了方向，只要一直努力前进，终有到达的一天。

以身作则胜千言！

2.2 说意义：告诉他“为什么”，而不是“怎么做”

做这件事情的意义是什么？请找到你内心最真实的答案！

场景案例

我们跑步团队新加入一名“新生代”。我挺惊讶的，对于一个白天睡觉、晚上干活的人来说，他为何要参加？而且，他能坚持下来吗？

果然，他没坚持下来。我们“笑话”他的时候，他说会坚持的。可是又过了一段时间，他还是失败了，连团队非常小的跑步目标都没完成。

我忍不住问他："你为什么要加入跑步团队？跑步对于你的意义是什么？"

他愣了半晌，一直没说出个所以然来。原来，他只是跟风，并没有思考过为何要来跑步？经过一番深入交流，他潜意识层面的想法终于浮出水面：其实，在他内心深处，他也是很想积极进步的，从来不运动的他，想借助跑步看看自己到底能不能改变不良的生活习惯，能不能挑战自己、超越自己。

神奇的是，一个月后，我发现，他竟然一次性能跑10公里，已经稳居我们跑步团队"第一把交椅"。我们并没有告诉他怎么跑，只是帮助他挖掘了"为什么要跑"的源头，结果，他突破潜能，跑了那么远。

案例解析

"新生代"的物质生活非常优越，这也就更凸显"人生意义和价值"对"新生代"的重要性。当我们用意义驱动、褒奖他时，他就会激发出强大的内驱力，开足马力向前奔跑。

我们只需要说清楚“为什么要往这个方向跑”，当我们确定好一起跑的方向后，给他能发挥的舞台，他可能会比我们想象的跑得更快更远。

我的外甥，最近在一家公司干得风风火火，我就问他，为什么这么欣赏这家公司？

他的回答非常能代表“新生代”的独特个性：“公司有新项目要做推广时，人人都可以毛遂自荐。领导从来不要求我们要先有成绩再给机会，而是先给我们机会，等待我们去做出成绩。虽然我们很年轻，但我们有想法、有干劲，也有基本经验，领导从不指手画脚要求我们‘怎么做’，只是告诉我们必须做的意义，推动我们向前。所以我特别喜欢特别欣赏。您说这家公司是不是很具有优秀企业的精神？”

管理三板斧

怎么用“意义”让团队执行力大大提升？

第一板斧:用“为什么”的思维驱动他向前。

安排任务之前,不妨和“新生代”下属们沟通一下:做这件事的目的或意义是什么?

“我们需要在月底前完成对所有重要客户的线上沟通,并完成调研表。通过这样的沟通,第一可以和客户保持一定频率的深度链接;第二我们也可以深挖老客户,看看他们还需要我们提供哪些服务?”

碰到特殊时期,还可以多问几个“为什么”。

“没有任何理由,这个月的业绩必须达成!”

“为什么……”

“因为这个月正值我们新品上市,大家务必趁这个机会,抢占市场份额,占领客户心智。”

“为什么要抢占市场份额、占领客户心智呢……”

“因为我们的公司最终使命是‘好好做教育’,让更多人不花钱也能‘受到教育’。但在最开始,我们需要更多人知道我们,了解我们,使用我们的产品。”

这样的有关“为什么”的对谈给了团队使命感,让人热血沸腾。如果团队里没有人主动问“为什么”,大家总是被动领取任务，即便埋头苦干，也不一定是好事。过去，年轻人不吭声，可能是尊重领导；而现在，年轻人不讲话其实可能表达的意思是“关我什么事”。

而当我们用“为什么”的思维去激发“新生代”内心的意义和价值感，团队的驱动就一定是自发式的。

第二板斧：用“为什么”的意义感激励他。

多年管理生涯中，经常会碰到一些优秀的下属提出离职，我询问的第一句话一定是：为什么？

他们的回答五花八门，我很意外地发现，很多时候，他们离职的原因并不是因为钱，而是他们觉得自己在岗位上没有发挥价值，在公司找不到定位。

这一定是沟通出了偏差。

这种情况下，我除了再次向他们解释这个工作的重要性，这个岗位在整个组织架构中的意义外，我还特别告诉他们这个岗位的挑战在哪里？而且，非他莫属。

为什么非他莫属？我会和他谈他刚入职时我们一起制定的发展目标；我会和他谈一旦开始放弃，后面一定会经常放弃；我会和他谈他在这个岗位上做出的贡献以及公司对他的信任；我还会和他谈他接下来要做的事情对公司的意义并承诺褒奖。

毫无悬念，经过这样具有意义感的沟通，90%的人收回了离职请求。

第三板斧：提供舞台，让他尽情闪亮。

"新生代"一直是生活中"焦点"般的存在，自然，他们也会期待自己能在职场上一试身手。管理层要做的，就是为他们"搭好台子"，给机会让他们尽情发挥。

舞台上，"新生代"可以发挥想象、尝试操作；舞台下，则需要管理层提供技术支持和经验指导。

“新生代”不是抗拒加班，而是反对没有意义的、浪费时间的加班。只要领导告诉他“为什么”，给出空间，提供舞台，他们的创造力和主动性，一定会让你大开眼界。

2.3 给考验：骨干都是"折腾"出来的

不经历风雨，怎能见彩虹。骨干都是"折腾"出来的。

场景案例

我有个"70后"的朋友，在公司管理上他一向亲力亲为，在公司2023年的年度总结颁奖晚会上，他竟然因为"放手团队"而湿润了眼眶。

他是一家百人公司的企业主，过去，每年的年度颁奖晚会，他都郁郁寡欢，认为团队浪费了太多工作时间，晚会效果还达不到自己的要求，诸如节目不精彩、颁奖环节不刺激、总是老一套、没有人帮自己把关等。

但事实是，每个节目都是按他的要求去设计并最终经过他审核确认的，甚至连演出服装也需要他选了又选。2023年，在筹备年度总结颁奖晚会时，管理层终于说服他，相信骨干是“折腾”出来的，让他放权给年轻人做。员工成立了筹备小组，所有人都前所未有地积极行动起来，甚至在租赁服装时，为了能便宜一两千元钱，服装小组骑着共享单车跑了十多公里多方比价去挑选。节目组为了策划出精彩的节目，总在下班时间激情讨论到晚上一两点才回家，但第二天依旧精神抖擞地来工作。整个团队洋溢着一种前所未有的团结和激情。

正式晚会时，这位“习惯操心”的老板带着忐忑的心情坐在了观众席上，他目不转睛地看完整场晚会，全程眼角湿润，原来，他总担心“新生代”们没责任心，担心他们做节目只知道娱乐而忽略企业文化，担心员工滥用预算……可事实证明，“新生代”们拼尽全力地用最低成本展现出了最好的效果，而且表达出对公司的积极热爱，对工作的澎湃热情。我这位"70后"老总朋友，终于意识到，骨干确实是"折腾"出来的，他仿佛看到一群群骨干如雨后春笋般冒出来了。

案例解析

不经历风雨，哪能见得到彩虹。

给考验，是对年轻人、对骨干最好的培育。经历的考验越多、越大，他们成长的羽翼才会越丰满。

领导者不用担心他们是否能受得住，或者结果是否有偏差。放手让他们"上场"，反而会激发出他们的无限潜能。

经历过战争远比百次训练更能提升士兵的战斗力，骨干经历过严酷考验，才能真正挑起大梁。当他们能够成长为管理者时，才能以身作则带领团队去开疆扩土，赢得市场。

管理三板斧

如何"折腾"骨干呢，让我们来看看管理秘籍：

第一板斧：给考验，从入职时就开始。

我们的企业有面试流程吗？有面试必问内容吗？有人才画像吗？有招聘计划和标准吗？有档案管理和背景调查吗？有新人培训和带教方案吗？有入职考核和欢迎仪式吗？

随意选聘的员工，存活率低、效能差、融入团队慢，还会影响顾客口碑。

所以，在新人选聘时，建议企业一定要做到3次面试：人力资源（human resources，HR）部门初试，用人部门复试，新人入职培训后转正面试。入职培训要有听、讲、写、答、做五部分。

我曾培训带教过新人，我自己非常喜欢，以及公认最能选拔人才的一个环节是生存实战，即把新人带到一个市场中，收缴手机等通信工具，没收钱财，给份地图和公司产品，让其面对陌生人群，销售产品获得收入后，才能联系我们获得下一个指示。

有很多新人，一整天都卖不出产品收不到钱，从早到晚，没有钱吃饭买水。到了规定时间，他们又渴又饿又累，接受不了的当场就会提出离开。若我们发现有消极怠工或有作弊行为的，会直接劝退。

最后集合时，我们也会安排"复盘会"，让大家分享总结整个过程，大家经常是又哭又笑，说什么的都有。这次经历对于没怎么吃过苦的人，绝对终生难忘。

而事实证明，那些入职时就通过了考验的员工，都是越"折腾"越厉害的骨干。

第二板斧：因材施教，有计划地设定考验。

不同部门、不同岗位、不同阶段，培养的方式也不同，都需要设定有针对性的培养标准；特殊性岗位或人才，还需单独制定标准；企业在制定年度规划时，重中之重是要思考好团队培养计划，尤其是安排好"员工考验"的部分，给考验不是管理者刁难员工，而是历练团队、成就团队的方式。

第三板斧：制定机制，形成文化，培养更多骨干。

企业人才培养，有师徒机制、"传帮带"机制、管理晋升机制、淘汰降级机制、接班人机制、人才梯队机制、多岗胜任机制、轮职管理机制等，这些都是非常好的"考验"团队的机制。

我们针对企业人才孵化，独创了"鹰计划"系列培养机制。新人入职时，组织为期3个月的“雏鹰计划”，提升其岗位胜任力；入职1～3年，组织“雄鹰计划”，强化可创造80%成果的团队；转岗晋升时，组织“熬鹰计划”，让受培训者理解核心骨干的职责和必备能力；对于高阶管理者，则组织“飞鹰计划”，培养其创新思维和领导能力。针对不同阶段员工所需要的思维意识、心态角度、业务技能、胜任能力等有针对性地进行综合培养提升。

打造人才培养流水线，让“人人可用、人人用好”；企业源源不断“生产人”，“生产”生产产品的人、“生产”销售产品的人、“生产”管理企业的人，企业才能蒸蒸日上。

除了日常培训，企业还得设定团队实战机制。分周、月、季、年四大战役体系。

我们在培训辅导很多全国性集团时，会直接借鉴军队的实战演练机制。以部门为单位每周组织竞赛，以分公司为单位每月组织竞赛，以省或大区为单位每季组织竞赛，以全国或子品牌为单位每年组织竞赛。设定难度，给足考验，让骨干脱颖而出，通过竞赛把骨干锻造出来。

市场从来都是瞬息万变的，所以管理也必须创新迭代，不断"折腾"团队，使其保持积极活跃的状态，充满朝气与创新的精神，企业才能持续拥有强大的市场竞争力。

骨干都是"折腾"出来的！

2.4 盯看板：让他看到“记分牌”

我都来一年了，为什么不给我加薪……从来不和我谈，我怎么知道我行还是不行。

场景案例

2000年出生的外甥，已经当了4年兵了，问起部队训练最喜欢的项目，他毫不犹豫地回答：“射击训练”。

为什么呢？因为打靶能最直观地反映出士兵的训练成绩。每次射击完，大家都会紧张又期待地等待报靶。如果成绩好，连长、指导员一定会嘱咐炊事班蒸包子、加菜；

还有嘉奖、立功等荣誉性奖励；"神枪手"还有机会晋升为军官。

在军队，奖励有明确的标准，每个人对自己的进步也就有非常"透明"的认知，而报靶，可以让士兵随时了解自己在场上奋力拼争之后的得分，随时准备再攀高峰。

外甥就是这样时时紧盯自己的"记分牌"，不断勇争上游，现在已经是连队进步最快的"神枪手"。

案例解析

部队的"打靶报环"，归根结底，是一种有标准的、透明的反馈制度。让士兵直接看到"记分牌"，更能促进他进步的决心。

很多时候，我们很多公司的员工是在看不到"记分牌"的情况下开展工作的，所以，他不知道自己做得好与坏，也不清楚自己在公司中的成绩，做起工作来只是顺其自然。作为管理者，我们需要在企业内创造"打靶报环""看板管理"的机会，通过及时提供反馈，用强有力的方式激发员工进步。

我的老师秋叶，是秋叶公司的创始人，他的“记分牌”管理就做得非常好。我去老师公司参观，震惊于其墙上的各种“看板”，有员工工作流程、有出书进度……内容琳琅满目，却也让大家一目了然。

秋叶老师介绍道：“通过这些办公室看板，每个部门的工作任务、工作进度一目了然，再也不用费劲地挨个儿与每个部门沟通了；通过看板，大家自发形成了相互监督、互相促进的工作氛围。团队战斗力大大提升。”

让他看到“记分牌”！

管理三板斧

"看板管理"应用广泛，具体运用在：

第一板斧：看板运用在客户服务与销售管理方面。

我们能为客户做什么服务？别怕麻烦，一件一件列出来，最好把各项业务的工作流程也写出来，越详细越好。例如，正常入库手续、应急送货办理、质量异议处理等，做成看板，于员工，更能规范工作内容，明确工作标准；于客户，能更清晰地知道我们的服务，建立更深厚的信任感。

将年、月甚至日业绩目标写在看板上，能更好地让所有人都牢记目标。

将每个月的实际完成量与目标作对比，用图画在看板上，能更好地让员工查缺补漏，随时调整前进方向和方法。

销售管理中，也可以将意向客户写在看板上，有助于领导做业绩跟踪和资源支持。

总之，把公司目标、标准、计划等细节写在看板上，团队的工作会更清晰。

第二板斧：看板运用在员工星级管理方面。

企业可以将员工的能力图表、星级员工图表、员工技能表、部门分工表、员工综合工作绩效等公布在看板上。

“榜样”都在看板上，强烈的荣誉感会让员工们暗暗较劲，比学赶超，积极向上的氛围就起来了。

另外，“榜样”为了不下看板，也会更加积极努力，从而带动团队更加积极进取。

第三板斧：看板运用在综合表彰方面。

很多企业，评选了“优秀员工”后，是将几百元奖金直接发到员工的工资里，获奖的员工要么当成个小惊喜，要么再贴个几百元，请大家吃饭，结果导致一件激发荣誉感的事情就这样低调结束，什么效果都没有起到。

如果，我们让获奖者“上看板”，先开个表彰大会，用“红包”发放奖金，再给他安排一张奖状；然后，我们把优秀员工的事迹在看板上展示出来，优秀员工的仪式感立马就起来了，积极向上的企业文化和荣誉感也就起来了，自然也就能形成互相学习、互相激励的企业文化氛围。

小贴士

看板管理的榜样——秋叶公司

公司前台背景板

公司前台接待处看板

个人品牌赛道运营模型看板

各产品矩阵漏斗模型看板

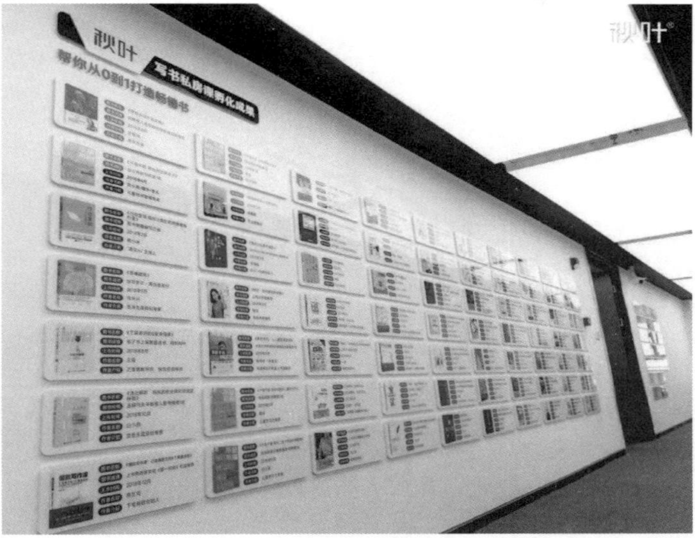

写书私房课孵化成果看板

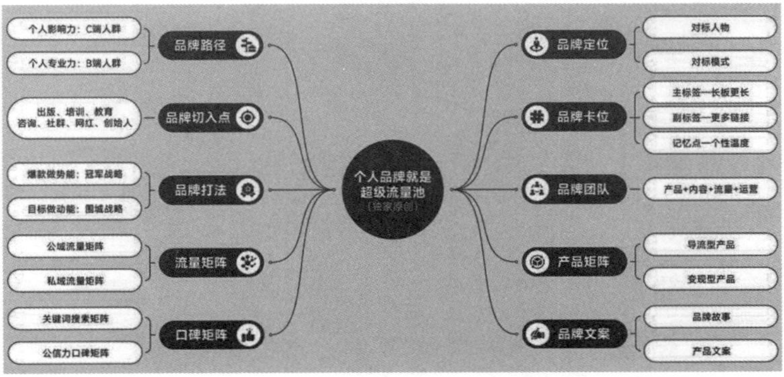

个人品牌如何运营看板

2.5 常鼓励：他的“狼性”靠培养

请假是为了赶紧回去照顾猫……

场景案例

很多老板，聊起“新生代”员工，都会有个共同的感受，那就是，这些“少年”没有“狼性”。

我的一位老板朋友，某天在公司，迎面碰上个平时表现很不错的“新生代”员工，当时正是上班时间，那名员工却急匆匆往外走，老板问：“什么事这么急？”

“新生代”员工很坦荡地说：“家里的猫不知道怎么回

事，从窗户溜达到邻居家去了，邻居刚打电话过来，让我去把猫接走。"

老板当场愣住，脱口而出："你活不干了？"

员工回答："现在手头也没什么大事……"

老板只能把他的主管叫来问，主管也挺委屈："他没有什么'远大抱负'，也不想争什么位置，抢什么功劳，他把宠物看得比什么都重要。"

老板实在无法理解，现在的年轻人怎么会把一只猫看得比工作还重要呢？

案例解析

事实上，作为"新生代"员工，如果"把猫生病了看得比工作重要"，又或者"将按时下班去排队买网红奶茶看得很重要"，这恰恰就展现了他们的独特个性——"佛系"。

"佛系"新员工，一般分两种：

一种是家境殷实的"佛系"青年，他们本就向往自由享乐的人生，工作只是他们体验生活的一个部分，比起"努力工作"，他们更愿意把时间精力花在自己感兴趣的事情上。

对于这类“佛系”青年，领导要做的就是尊重他们的成长特点，按照他们的节奏和爱好给他们量身定制“职业兴趣生涯通路”，慢慢地培养打磨激发他们身上的“狼性”。

另一种则属于失意的“佛系”青年，觉得再怎么拼搏也买不起房，干脆“躺平”，得过且过，回家快乐“撸猫”。

这一类“新生代”员工，需要领导给他们一个确定的“沸点”，然后，精准点燃他，激励他焕发青春活力，让能量正向循环。当然，激发“新生代”员工的积极性，也是管理者的责任。

管理三板斧

“山不过来，我就过去。”

作为领导者，我们需要顺应时代的变迁，更需要迭代公司的管理模式，了解“新生代”员工的想法，竭尽所能激发出年轻人在工作中的成就感，培养他们成为“领头狼”，营造公司积极澎湃的团队氛围。

怎样激发“新生代”员工的干劲？推荐三个步骤：

第一板斧：让他相信，在公司，人人都可以成为英雄。

我最喜欢和团队分享这样一个故事：

100多年前，美国标准石油公司有一位小职员叫阿基勃特。不管是出差住旅馆，还是工作收据，或者生活书信往来等需要签字的地方，他总习惯在签名的下方，写上"每桶4美元的标准石油"字样。

因此，他被同事叫作"每桶4美元"，慢慢地，他的真名反倒没人叫了。公司董事长洛克菲勒知道这件事后，感动又惊讶："竟有职员如此努力宣扬公司的声誉，我要见见他。"于是，洛克菲勒特意邀请阿基勃特共进晚餐。

不久，阿基勃特成为美国标准石油公司的股东、董事会成员。后来，洛克菲勒卸任，阿基勃特继任第二任董事长，并一路成长为标准石油公司贡献最大的董事长之一。

也许，你会说阿基勃特太走运了，但我想分享的是，我们是否可以参考美国标准石油公司的氛围，在自己公司中营造一种"小人物也可以成为英雄"的氛围？一种"平凡者也可以是英雄"的氛围？

如果可以，请你适时奖励企业需要的骨干。

提出好的建议者，奖！

为企业大大节省成本者，奖！

解决一个特别难攻克的技术难题者，奖！

让全体员工相信：在我们公司，人人都可以成为英雄。

第二板斧：让他相信，公司能激励他成为英雄。

和“新生代”员工谈工作，尤其得注意方法。

不要一开始就鼓励年轻人创业，为企业奋斗终身，“新生代”未找到价值前，肯定不乐意自己的人生被领导“支配”，但是，我们可以协助他在岗位上成为某个领域的专家，拥有他自己的个人品牌。这条路径，不管对公司还是个人，都是双赢的。

在秋叶集团，秋叶老师会格外关注有潜力的“新生代”员工，也会开诚布公地谈：“你对未来有什么规划？将来是否想成为哪个领域的专家？我来帮你，好不好？当然，你要做专家，就得对标一流的人才去努力，怎么样？有没有想法？”

毫无悬念，有了老板的亲自鼓励，加上榜样的力量，“新生代”员工想成为英雄的愿望与日俱增。秋叶老师就是这样，引导“新生代”员工一步步找到自己的小目标，让他们逐渐自信，最终坚定地相信：自己就是那个英雄。

第三板斧：为他鼓掌，让他站上英雄的领奖台。

我认识的一位企业家，深受员工喜爱，他的管理秘诀其实很简单，那就是深谙"鼓掌"之道。

逢年过节，他会把亲笔签名的表扬信直接寄到"英雄员工"的父母手上，感谢他们培养了这么优秀的人才，同时，一笔"孝顺奖励金"也会直接汇至员工父母的银行卡上。

每年的企业年会更是"鼓掌大会"，优秀员工的优秀事迹全部被搬上舞台，"英雄们"在公众场合被表扬，绚烂的舞台、灿烂的聚光灯、刻着名字的专属奖杯、专属红包包着的奖金，董事长亲自安排的宴席……

鼓掌之下，每一个被"看见"的英雄都激情澎湃，既对自己提出更高要求，更热爱企业文化，又折服于领导的人格魅力。

所以，作为管理者，不要吝啬你的夸奖，手写表扬、鼓励便签、口头表扬、表彰大会，为你的"英雄员工"鼓掌，和他一起庆祝，并共同为公司的发展鼓掌。

小贴士

企业激励员工的10种小方法

1. 新员工入职时，须确保办公位置已经准备妥当，并且已经放好了办公用品，比如纸、笔、电脑等。

2. 允许员工留出时间来思考和制订计划，把“职业发展讨论”作为年度业绩评估的一部分。

3. 鼓励员工学习多种技能，允许员工自行选择和参加培训。

4. 充分授权。①

5. 鼓励员工对“工作环境和服务质量”提出优化建议，并保证他们的建议能得到及时回应或采纳。

6. 激励任何点子。公开表扬建议人，并及时反馈“建议给公司带来的改进”，激励员工去实践自己的想法。

7. 想办法和接触最少的员工聚一聚。从公司不同的出入口进出，尽可能多地接触公司每一位员工。

---

① 具体的授权步骤：让员工清晰自己的工作职责—赋予员工与职责对等的权利—设定优秀标准—给员工提供资源—对员工表现进行及时反馈—祝贺员工取得的成绩—相信员工—允许员工失败—尊敬员工。

8. 通过给老员工布置新任务、提出新挑战，激励他们对工作的持续兴趣。

9. 选一个公司专属的特殊日子，庆祝部门取得的成就或者公司获得的巨大成功。让团队成员展示工作贡献，畅聊一些过程中有趣的"小料"，颁发证书奖励贡献者。

10. 在裁员、开展重大项目、削减开支等公司压力较大的阶段，多和员工待在一起，多用积极性的谈话和乐观的回忆来给他们打气。

2.6 勤总结：复盘才能翻盘

吾日三省吾身，复盘才能翻盘！

场景案例

我读高中的时候，被老师任命为团支部书记。任职前，班主任找我谈话：“成绩是总结出来的，事物的规律是研究发现的。学生干部的能力，首先表现在发现典型、总结经验上，你要学习多‘开会’。”

当时我还挺懵，开会有什么用？后来实操后才发现：老师诚不欺我，认真开会，及时总结，进步肉眼可见。

后来，我把"总结"淋漓尽致地运用在工作上，首先是晨会夕会，对一天、一周的工作进行总结，归纳做得好的地方，复盘不足。然后提出第二天、下一周努力的方向。

其次是项目讲评。每个项目结束，我们都会召集项目人员，复盘项目遇到的每一个细节，总结优秀做法，分析不足之处，探讨下一次如何更成功。

最后是阶段总结。月度、半年、年度都要进行全方位、从下到上的总结，让我们不断修正不足、持续进步。

案例解析

成绩是总结出来的。

复盘，不仅是对规律的总结，更是对成绩、对问题、对错误、对失败的总结。

尤其是项目"失败"的时候，一定要分析为什么失败？卡点在哪里？一定不能白给市场交学费。

能够从失败中总结经验的企业是伟大的企业。

一个历经百年的企业不可能没有失败经历，但卓越的公司与一般的企业的区别恰恰就在于：它们能够从一次次失败中吸取教训，再次崛起。

管理三板斧

如何进行高质量的“复盘”？

第一板斧：提前将计划写细。

复盘第一步，从制定目标开始，思考为什么要做？做了有什么好处？要做出什么成果？对战略、市场、团队，是否是正向的？投入和产出预计是多少？

执行过程中，如果遇到实际问题，是否依然按一开始设定的方向执行？还是具体问题具体调整？这些环节都需要随时复盘归纳。

复盘第二步，目标是否充分分解？计划是否细化到人、时、事、物？目标是否能顺利完成取决于执行，但如果没有做好分解和细化，团队很容易一做就错。计划细化得越具体，执行起来就越容易。

目标分解，可以从人员方面分解，细分到部门中的每个人；可以从时间方面分解，细化到周、天，甚至班次、小时；可以从区域方面分解，细化到省份、城市、社区等；也可以从产品方面分解，细化到品类、品牌、系列条码等；更可以从客户方面分解，细化到客户类型、新老客户、客户规模等；当然，根据企业所在行业，还可以从推广方式、销售渠道、奖励政策、资源配置等方面进行目标分解。

第二板斧：过程中，开好月会、周会、晨夕会。

月初开好启动会，对企业非常重要。领导一定要在一开始就让团队清晰地知道本月的方向和基调，下达最主要的目标并分解细化。启动会可以由榜样与标杆分享经验，带领团队掌握方法与策略，顺利完成目标。

月初通过启动会安排目标后，还需要每周跟进召开成果复盘会，让团队清晰跟进"任务完成量"，复盘完成得好或不好的原因。周会的核心任务主要是：检视行为动作、培训团队能力、协调资源配置、方向引导、强化政策与奖励。

除了月初启动会，每周复盘会，每天的晨夕会也非常重要，把每天的目标和工作安排好，才能有序地把周、月目标完成。晨会主要是明确日目标，调动状态；夕会则是总结工作完成情况，分析成果与不足，总结需要成长和改进的地方。

第三板斧：总结复盘，及时汇报。

员工可以通过每日复盘、周复盘，及时向上级领导汇报工作进展，便于领导跟进目标完成度，及时提供资源支持。

延后的汇报效果大打折扣，甚至是没有意义的。当然，汇报的方式很自由，以高效简洁为标准，可以通过电话、当面、微信、钉钉、企业微信等汇报。

第三章

高效沟通：天下是“谈”出来的

本章导读

沟通无处不在。但真正高效的沟通，总是能及时得到对方的回应。

3.1 要离职：请吃“饺子”，让他不想走

想走没关系！准备单干还是继续找公司？单干我们可以扶持一把，继续找公司，我们可以给你写推荐信。

场景案例

外甥毕业后，与二三十个同学一起去同一家事业单位实习，非常辛苦，没日没夜地干，但收入非常低。

外甥在学校就是学生会干部，于是，他当仁不让就去找领导“沟通”：“如果不提升福利待遇，大家就不干了。”

事业单位的福利待遇不是说改就能改的，但那位领导

很厉害，安静地听完外甥的所有意见，认真评估后，是这样反馈的：“没关系！准备单干还是继续找公司？单干我们可以扶持一把，继续找公司的话我给你们写推荐信。”

听到领导推心置腹的答复，外甥非常感动，他主动向领导“如实交代”，他们二三十个同学本来商量好了，如果领导不答应提升待遇，那他们就集体离职。但现在，外甥向领导表示，会和同学们好好沟通，安心工作，一定不会集体离职。

案例解析

我认识的一家科技公司，他们就真正做到了员工“流而不失”，具体是怎么做到的呢？其实，有效的人力资源管理，从员工决定离职的那一刻起就开始了。

不管是工作多年的老员工，还是觉得不适应的新员工，当他们提出离职时，一般都会得到公司的挽留，但不管他们做出什么选择，也都会得到公司的尊重。

该公司规定，不管是谁，每个员工在离职前都必须做一次面谈，沟通离职的原因，以及对公司和领导的看法。

如果员工离职是因为“公司管理层面”的原因，公司一定会充分重视并努力改善。值得一提的是，公司还十分关心离职人员后续的发展和去向，甚至会帮助他们寻找更适合的岗位。

该公司有一点也做得非常好，那就是对于已经跳槽的优秀人才，只要他们愿意回来，公司是非常欢迎的。

很多领导认为，离开就意味着背叛，不愿意重新接纳离职员工，且认为，这样会给在职员工留下不好的印象。

但经验告诉我们，事实恰恰相反，公司重新接纳离职员工，不但让离职员工心怀感恩，更是对在职员工最大的尊重，让他们深刻地感受到公司的温暖和信任，对企业文化的建立和企业品牌的树立都有着深刻的影响。

该公司人力资源部部长特意强调了这一观点，同时指出：聘用“回头好马”既可以降低公司招聘和培训成本，又有利于提高员工忠诚度。

“人才流失”向来是企业备受困扰的问题，管理者往往殚精竭虑，甚至不择手段以求留住优秀的员工。

而该科技公司，摒弃了“终生员工”的概念，另辟蹊径选择和员工保持“终生交往”，以创新开放的态度来看待人才流失的问题，他们不但尊重优秀人才离职的决定，甚至还通过介绍下家“鼓励”人才的离开。

但这种反其道而行的“鼓励人才流动”的机制，非但没有造成大量人才流失，反而为公司储备了越来越多人才。

其中的奥妙被公司老总一语道破：“公司培养的科技人员对公司有一种情结，这种情结会在他们心中留下终生不褪的烙印，即便离开，他们也会以各种方式报效公司。”

管理三板斧

不管员工是因为什么原因选择离职，如果管理层能做到以下3点，都能让离职满意度至少上升90%。

第一板斧：真诚面谈。

员工提出离职时，请公司一定要提出挽留，当然，对员工的最终选择也要予以尊重。

为什么要“挽留”？很多老板可能会想：“太好了，你赶紧走吧。”殊不知，不管公司是不是真心实意地不想让员工离职，如果你做了“挽留”，员工会接收到“公司看重我”的信息，反之，他的自尊心会受到伤害，“公司留都不留我，太心寒了，没人情味”。

做离职面谈，请员工聊聊离职原因，谈谈对公司的看法；如果是公司管理方面的问题，公司应该表示感谢和重视，并在日后努力改善。

如果员工离职考虑的是自身发展，公司应表示关心和认可；如果条件允许，也可以帮助他们寻找一些更适合的公司和岗位，或者给予中肯的建议。

第二板斧：“请吃饺子”。

部队有个不成文习俗：“新兵的面条，退伍的饺子。”很多退伍老兵都表示，吃饺子的那一瞬间，就想起在部队的点点滴滴，真的一边吃一边掉眼泪，都不想退伍了。

其实，职场也可以通过“请吃饺子”的方式，让离职员工感受到公司的温暖和关怀。

1.部门层面组织“送行餐会”；如果是重要员工，老板也需要参加。

2.制作充满纪念意义的相册，包括但不限于公司的发展照片、记录员工成长点点滴滴的照片，共事同事的合影等。

3.结清所有的工资和奖金。如果员工表现突出，还可以特别包一个红包表示感谢。

4.试试“离岗留职”，告诉该离职员工，可以为他保留职位2年，如果想回来，公司欢迎他随时返岗工作。

5.成立离职人员专属俱乐部。以“大家帮助大家，大家服务大家”为愿景，持续提供有价值的服务与支持。

第三板斧：“常回家看看”。

公司可以建立“离职人员人事档案”，跟踪离职员工的职业生涯变化，甚至包括结婚生子之类的生活细节。一旦发生变化，人事部门需随时更新档案。

公司可以定期或阶段性为这些离职员工提供相关“服务”，如定期发送公司内部咨询、邀请离职员工参加公司的相关聚会、定期回访请他们对公司发展提出建议、寄送公司纪念日礼物等。

3.2 请吃饭：用好饭桌，团队不一样

你们点，我埋单！

场景案例

外甥在学校担任过“校学生会主席”的职务，有一回，我问他：“现在的大学生经常出去聚餐，你们吃饭都是怎么埋单的？”

他说：“一般是‘AA制’，这样大家都没有负担。但如果是学生会里的同学一起出去吃，那基本都是我埋单。”

我有点惊讶：“你还没有收入，都是你埋单，怎么承受

得起？”

他憨憨地笑：“我毕竟是学生会主席，吃饭是小事，干好活是大事。吃饭是我埋单，但活都是大家干好的，而且，学生会经常会做些创收的事情，整体来讲，还是收支平衡的。”

我不禁对外甥竖起了大拇指，他把管理之道已经运用得很熟练了。

案例解析

乘风破浪成长成领导的人都明白，吃亏是福，请人吃饭花不了多少钱，但正是你愿意分享，别人才甘愿跟着你干。所以管理的关键，其实不是“吃饭谁埋单”的问题，而是别人愿不愿意信任你的问题。而吃饭埋单，无疑是获得对方信任感与好感的第一步。

如果一个管理者很小气或很高傲，不愿意请同事吃饭，或者吃饭都是同事或下属埋单，那他的管理工作可能做不好，因为大家不会对他产生基本的信任。

现在的管理越来越强调团队协作，或者说在意“人和”

的氛围，尤其是优秀的“新生代”员工，只有在如鱼得水的团队氛围中，才会对团队和领导者有认同感，才愿意尽力而为。

所以，领导者必须善于营造“人和”氛围。某种意义上，管理就是通过沟通，把所有人拧成一股绳形成合力的过程。这个过程中，团队聚餐往往能特别轻松地起到好效果。

当然，聚餐不代表大吃大喝，有些公司是“酒场文化”，这种“江湖义气”的作风跟企业管理的“聚餐理念”是相悖的，不值得提倡。

聚餐的内涵是沟通交流，是增加团队协调、化解内部矛盾，是提振士气。聚餐这种沟通载体，其核心在于解决工作卡点，增进团队凝聚力。

大家都知道，华为员工工作非常辛苦，但华为员工从不在网络上抱怨自家公司，据说这得益于华为的内部规定：只要是上级参与的非公就餐，就一定由上级来结账。以任正非为首的华为高层，每次吃完饭都有固定的三部曲：埋单、撕发票、给小费。任正非还有一句刷爆朋友圈的金句：“请下属吃饭的人，升职快。”

在任正非看来，能主动请同事吃饭的人，说明他大方，乐于付出，有利他精神，可以称之为“吃饭领袖”。“既然吃饭是领袖，那你在工作上有想法，努力一下你不就也是工作领袖了？”

管理三板斧

我们已经知道了“聚餐和请吃饭”的诸多好处；如何让这个动作更高效，这里有3个小方法。

第一板斧：请客要找好理由。

所谓“无功不受禄”，聚餐请客也是需要找合适理由的，让人无法拒绝的好理由，才能让对方欣然赴宴。

否则，无论上对下请客还是下对上请客，都有可能被拒绝，毕竟大家都知道“吃人嘴软”的道理。

请客的理由五花八门，生日、乔迁、工作调动、中奖、项目结束、团建、讨教问题都可以成为请客的理由。总之，找一个好理由宴请或者聚餐是最重要的。

第二板斧：主动埋单。

管理者提出的聚餐，肯定是管理者埋单。那下属请的呢？一般情况下，我的建议仍旧是：管理者埋单。

埋单也要讲究方法。点餐前，管理者就可以到收银台“先打招呼”；结束时，情真意切地拦住下属埋单也是方法。只要你有100%意愿想埋单，就没有结不了的账。花不了多少钱的饭局，却会让你获得下属的尊重与爱戴。

第三板斧：让下属感觉他很重要。

人际交往中有个所向披靡的“利器”，那就是让对方感觉“我很重要”。而饭局，是很容易让人感觉到“我很重要”的场所。

饭桌交谈中，你可以关心他的工作、生活情况、父母家人，哪怕只是一句温暖的问候，也会让他感到自己很重要。如果你还能说出他的生日、星座，或者入职时间，他一定会倍感温暖，发自内心地觉得自己在领导心里很重要。

如果平时与下属有什么意见分歧，在饭桌上，举起一杯酒，说上一两句宽容理解的话，很多矛盾也容易“一杯泯恩仇”，也能让下属相信你是个就事论事的领导，绝不会在背后做小动作，公报私仇。

3.3 玩一起：能一起“吃鸡”的领导是自己人

这年头，年轻人会玩的我们管理者也要会，适时露一手，团队氛围不一样。

场景案例

我有个朋友，他的晋升速度非常快，两年内，就从部门经理晋升到总经理，他和我聊起带“新生代”员工的心得：

我那个团队二十几个人，个个都是羽毛球的狂热爱好者和“吃鸡”游戏爱好者。我呢，既是他们的领导，也是他们打球、打“吃鸡”游戏的带头大哥。

我们关系好到什么地步呢？比如说，我们约好了周三晚上打球，结果我临时要赶个活，去不了了，那我会安排两个员工留下来加班，剩余的就让他们自己去玩。

他们就会三五成群地来问我，怎么不去打球呢？我说要加班赶活。这些孩子就会回去商量，然后过来说：“你不去，光咱们打也没啥意思，要不你给我们都分点，一块干是不是能快点？”

我说：“你以为我能分给你们还能留着让你们打球？不就是分不下去嘛！”

于是他们又琢磨琢磨说：“你们几个加班，我们去打球也真没啥意思。要不今天取消吧，我们也跟你们一块加班，把手上的活赶赶，整完了一块儿‘开个会’呗？”然后就是一脸“奸笑”。为什么呢？因为我们一般都是在会议室“吃鸡”，所以美其名曰“开会”。

我带团队那几年，团队没有一个人离职，业

绩更不用说。虽然我们看似“不务正业”瞎玩，但我其实是在关系中建立信任，激发他们的潜力，当这些“新生代”孩子们投入去做一件事的时候，能量真的是巨大的，没经历过的都不敢相信。

案例解析

沟通从来不是指单方面的“说话”，你的眼神、你做的事、你和下属共同参与经历的过程，也叫“沟通”。“新生代”员工兴趣广泛，作为领导，我们不仅要在工作上指导他们，也要在他们的兴趣爱好上“露”一手。

如果领导能够和员工打成一片，很多管理上的问题也会迎刃而解，因为有了信任的关系，再难的问题也好沟通解决。

管理三板斧

一个优秀的管理者，除了在管理上“有一手”，如果在生活方面也有一技之长，是能迅速和下属拉近关系的。特别是“新生代”员工，如果掌握了和他们相处的“密码”，再难开的“锁”也能打开。

领导在繁忙的工作之余，再去学与“新生代”相处的“密码”，当然不现实。在这里，我给大家分享几个小例子，希望可以抛砖引玉，引发管理者的思考，找到与员工沟通的“润滑剂”，我们来看看以下3个小秘诀：

第一板斧：会下厨。

民以食为天，无论老年人还是“新生代”年轻人，没有人能抵御住“美食”的诱惑。如果领导能做几个拿手好菜，适时请团队成员来家里小聚，大家会觉得你把他当自己人，愿意为你“前仆后继”。

我们公司有个总经理，很帅，而且很有学识，身居高位又这么优秀，公司员工都把他当成高高在上的神，很少有员工敢走近他。

有一回，公司周年庆，所有的高管居然都收到总经理的“请柬”，邀请大家到他家享用“全蟹宴”。大家是既惊讶又欢喜。到他家一看，竟然是老总围着围裙，亲自下厨，端上来一盘盘以蟹为主料的菜肴。那一晚，大家碰着杯，完全敞开了心扉：老总，我们以后就跟着你干了！

总经理主动下厨，拉近了他和我们之间的关系，我们深深地觉得：老总把我们当“自己人”，凭借这份信任和赏识，我们还有什么不努力工作的理由呢？

当然，如果领导不会下厨，让家里人下厨也是可以的，管理者把下属请到家里来小聚，本就能彰显足够的重视和信任，这份真挚，员工是能够感受到的。

第二板斧：会打球。

羽毛球、篮球、桌球都是团建的好项目，既能让大家在紧张工作之余锻炼身体，又能在团队合作的运动中增强团队凝聚力。

如果你恰巧擅长以上的某一项运动，“新生代”员工绝对会怀着崇敬的心来看你，在工作上也会“唯你马首是瞻”。

你可能会说：都一把年纪了，时间也不够用，怎么去加强这些“运动能力”？我的方法是请私教！这个方法不仅能节省你大量的时间，而且，能让你的水平在短期内迅速超过平均水平。当然，运动本身，对我们的身体也是益处多多。

就像我，我喜欢书法，报名了私教班，持续学习5年后，我在公司开始“带学生”了，很多员工跟着我学习了3个月就能自己写对联。现在，我在公司已经有了不少“新生代”的“迷弟、迷妹”，他们也都是我在工作上的得力助手。

不少管理者，依旧会觉得很麻烦，觉得自己没时间去学习，也打不好球唱不好歌，没关系，如果我们没有“兴趣特长”，也可以做组织者，从关心员工的角度出发，组织些丰富多彩的团建项目，让员工感受到公司温暖即可。总之，有一技之长的领导，很容易在职场，成为最牛的“斜杆”管理者。

第三板斧：会打游戏。

90%以上的年轻人都喜欢打游戏，如果公司领导在业余时间，愿意和团队成员组队，在虚拟世界里去升级打怪，那领导和下属的关系想不紧密都很难。关系好了，工作自然顺畅，碰到难关，团队也能发挥无限潜力闯过。

当然，“打游戏”对我们这些“70后”“80后”领导来说，真的有难度。但没关系，我们掌握形式就好，可以把打游戏更换成打扑克牌。团建或者闲暇时，拉上几个下属一起打打斗地主、升级啥的，一定其乐融融。如果，能够来点小彩头，也是很怡情的，下属可能会津津乐道许久：“老板在某场斗地主中，可是输了我52元！”

3.4 开除人：心要仁慈，“刀”要快

没想到，“躺平”不仅仅是公司老员工的“专利”，“新生代”员工也有啊！

场景案例

我有个老板朋友常和我吐槽：被有些员工气到不行，天天教，员工看着态度也很好，但人家就是左耳朵进右耳朵出，结果总是一团糟。

这样一来效率极低，还不如自己直接干来得简单高效，但若不教他，所有的工作都得老板自己干，员工反倒

是闲人一个。

我很诧异：“这样的员工为什么还要留着？”

后来我才知道，原来，那些低效率的员工，除了有“老油条”，还有不少是新入职的年轻人，他们工作不行，但找公司管理的“漏洞”却很行。再加上，朋友的公司没有主动开除员工的先例，老板也就只能自己吃个哑巴亏，教又教不会，又不能开除，放着不管也不行，实在是头疼。

案例解析

有些员工，对待领导、同事，态度都非常好，但在绩效方面，却没有任何产出。

一般来说，员工没有犯大错，公司是不能随意开除他的。但是，“开除绩效不好的员工”与“公司的生存大计”比起来，孰轻孰重还是很明显的。

所以，该下手的时候一定要下手，准则就是：

心要仁慈，“刀”要快。

开除员工，一定要“直接”，千万不要“拉锯战”。

心要仁慈，“刀”要快！

管理三板斧

做到“心要仁慈，‘刀’要快”有3个小秘诀：

第一板斧：公司需要推行“绩效管理”制度。

无论公司规则多么宽松，管理者一定要对下属的工作进行“绩效管理”，工作绩效的考核以周、月为周期，以“岗位职责表”（本小节后文“小贴士”部分附参考模板）为考核依据，以明确的制度为考核标准。

这个标准，不是“我的标准”，也不是“你的标准”，而是公司确认的全员都需要遵守的“标准”。员工一次不达标，上级领导还可以帮着完成绩效；员工两次不达标，上级领导也可以帮着寻找问题，带着成长进步；但如果员工三次不达标，作为公司和管理者，就必须和员工“分手”了。

第二板斧：工作标准明确，且及时迭代升级。

岗位职责表中需要明确员工的上下级、工作内容、工作范围、工作频率、工作达标程度，特别需要注意的是，还需要根据公司及部门的发展，不断迭代升级。

这样既能保证公司有明确的“标准”去跟进审核员工的工作，也能保证员工及时了解最新的工作要求。“岗位职责表”越明确，考核也就越清晰。

第三板斧：每月、每周必须例行谈话。

对照岗位职责表，上级领导需要每周和员工一对一沟通，协助员工回顾一周的工作，表扬做得好的地方，复盘做得不足的地方，并及时提供各类帮助（本节后文“小贴士”部分提供了例行谈话表的参考模板）。

每月，除本部门的面谈沟通外，HR部门也需要与员工进行一对一沟通，对照绩效考核表，既能了解员工的工作情况，也能对员工的直接上级的管理工作进行摸底排查。

每次的沟通谈话，其实也是一个“信号”的传递过程：公司会努力帮助员工通过考核，但按照规则，如果三个周期的考核不及格，公司就会“劝退”。

所以，“仁慈”要体现在制度的透明和规范上，而“刀”要快则体现在规则的执行和快速上。事实上，如果员工3次都无法通过考核，可能确实也是与岗位不匹配，早点放弃不合适的岗位，去寻找更合适的工作，对员工来讲，也更利于他职业的发展。

小贴士

岗位职责表参考模板

<table>
<tr><td colspan="6">一、基础信息</td></tr>
<tr><td>公司名称</td><td colspan="5"></td></tr>
<tr><td>部门名称</td><td></td><td>职级</td><td></td><td>直接上级</td><td></td></tr>
<tr><td>部门人员设置</td><td colspan="3"></td><td>虚线上级</td><td></td></tr>
<tr><td colspan="6">二、岗位设置目的</td></tr>
<tr><td colspan="6"></td></tr>
<tr><td colspan="6">三、组织关系和工作关系（工作协调关系描述—相互影响图）</td></tr>
<tr><td colspan="6"></td></tr>
<tr><td colspan="6">四、岗位概要</td></tr>
<tr><td colspan="6"></td></tr>
<tr><td colspan="6">五、岗位工作描述</td></tr>
<tr><td colspan="2">主要职能描述
（职责关键词）</td><td colspan="3">具体内容</td><td>工作频率</td></tr>
<tr><td rowspan="2">1.核心工作</td><td></td><td colspan="3"></td><td></td></tr>
<tr><td></td><td colspan="3"></td><td></td></tr>
</table>

续表

2.主要工作			
3.次要工作			
六、相关制度及规范			
必读制度			
选读制度			
七、工作特征			
时间特征			
设备及工具			
工作场所			
八、培训			
不可缺少的基本培训			
提高绩效所需培训			
上岗培训内容			
上岗培训时间			
本人确认签名：		时间：	

例行谈话表参考模板

<table>
<tr><td rowspan="4">面谈对象</td><td>姓名</td><td></td><td rowspan="4">面谈人</td><td>姓名</td><td></td></tr>
<tr><td>所在部门</td><td></td><td>所在部门</td><td></td></tr>
<tr><td>职务</td><td></td><td>职务</td><td></td></tr>
<tr><td>入职日期</td><td>年　月　日</td><td>面谈日期</td><td></td></tr>
<tr><td colspan="6">一、面谈内容概要（以下由面谈人填写）：</td></tr>
<tr><td colspan="6">1.请自评一下本月自我表现：</td></tr>
<tr><td colspan="6">2.上级说一下评分不一致的地方以及缘由：</td></tr>
<tr><td colspan="6">3.对上级或团队的要求或期望：</td></tr>
<tr><td colspan="6">4.工作中遇到的困难或者困惑：</td></tr>
<tr><td colspan="6">5.其他：</td></tr>
<tr><td colspan="6">二、面谈结果：</td></tr>
<tr><td colspan="3">优势</td><td colspan="3">需改进</td></tr>
<tr><td colspan="3"></td><td colspan="3"></td></tr>
<tr><td colspan="3">本人确认签字：</td><td colspan="3">日期：</td></tr>
</table>

备注：此表由HR部门留存。

3.5 批评时：怎样让“难听的话”也能得到正向反馈

奖励一个“打人”的孩子三颗糖……

场景案例

想起教育家陶行知的一个小故事：

有一天，陶行知看到一个学生用泥块儿打自己的同学，陶行知立即制止并叫这个学生放学后到办公室去。

放学后，陶行知回到办公室，这个学生已经等在门口。

孩子低着头，一副准备挨教训的模样，可是，陶行知并没有教训他，而是从兜里掏出一块糖，并说：“你能准时到这里来，而我却迟到了，这是奖励给你的。”孩子很诧异。

接着，陶行知又掏出第二块糖：“这也是奖励给你的，因为我不让你打人的时候，你及时住手了，说明你很尊重老师。”孩子更惊异了。

接着，陶行知又掏出第三块糖：“这也是奖励给你的，因为事件原因我调查过了，是那个同学不遵守规则，欺负同学，你才用泥巴打他，这说明你很善良正直，应该奖励你。”

那个孩子感动得泪流满面，并主动道歉：“无论怎样，我都不应该打同学。”

案例解析

“批评”是可以用“表扬”的方式表达出来且能够收获惊人效果的，就像陶行知的批评案例，孩子从“诧异”、“惊异”到“感动得泪流满面”，不过是三句话而已。

其实，无论在什么环境下，所有人最喜欢听的都是赞美；但在职场里，确实需要我们理性地看待问题监督工作。当员工出错的时候，就需要批评指正，但我们又很难有陶行知般高超的说话艺术，在批评的时候，只关注了事件本身，而忽略了措辞与对方的情绪，这样的批评就很容易失去效果，甚至引起员工的反感。

管理三板斧

“批评”的目的，不是让对方觉得他有错，而是点醒他，怎么做才是对的，核心意义还是为了让他更好。

第一板斧：一开始就做对，减少甚至没有“批评”。

职场沟通中，什么时候是“一开始”呢？

我觉得是布置任务的时候，当我们把任务布置得清晰明确，下属“犯错”的可能性就会减少。

我在布置任务的时候，除了交代事情的来龙去脉（工作背景），还会加上“时间节点”（到几月几日几时几分）、“优先次序”（重要、紧急）、“提交格式”（报告、表格还是资料等），以及“相关资源”等。

例如，公司计划举办一次团建活动，让我们拿出可行性方案。我在布置工作时，就会发出明确指示：“小张，公司计划在5月20日举办为期一天的团建活动，地点在城市周边，对象是公司全员（事件背景）。请你在4月30日17时前（时间节点）拿出一份可行性方案，文本格式即可，如果涉及预算，请用表格（提交格式）。这件事情重要且紧急，是公司今年的第一场团建，你手上的其他工作先暂时放一下，集中把这件工作完成（优先次序）。我手上有几个中介，对周边环境比较熟悉，你可以和他们先沟通一下（相关资源）。”

任务布置完毕后，我会让下属重复一遍具体细节，以此来判断确认他“完整地接收到任务”。最后，我还会请他提问，看看他有什么疑惑？或者是我还有什么没讲清楚的地方。

最终，所有的工作都是和“绩效”挂钩的，如果这个月我给下属布置了10件任务，他只完成了6件，而每件工作的质量在“没错、好、很好、高明”的等级评价里大部分只是“没错”，那结果可想而知，我不用“批评”他，只要给他看“任务清单”和工作评价，他就会心知肚明。

第二板斧：高明的“批评”是使你舒服，我也舒服。

所谓高情商，并不是指“我让你很舒服”而是“我让你很舒服的同时，我也很舒服”，“批评”亦然。

如何做到“高明”呢？

1.环境把控：这里的“环境”不仅仅是指批评的场合，更是指批评的时间。就像对于客户的投诉，我们如果超过了24小时才处理，结果就可能是灾难性的，因为“过时”会激发客户更大的怒火，那个时候，除了产品问题本身，延迟的服务会让客户觉得未被尊重。同理，批评时，在场合和时间上，我们需要给下属营造具有安全感的环境，让他们在放松的环境中“检视”自我。

2. 问题本质：批评前，管理者一定要先调查清楚事情的经过，了解问题的本质，确保客观地看待问题，当批评有了依据，才能更加理性地措辞，沟通才有效。

3. 动作指导：很多时候，员工出错，并不是因为态度问题，而是能力问题，可能确实是员工心有余而力不足，这种情况，就需要管理者把批评转化为具体的“动作指导”：教他们更好地解决问题。

4. 跟进检查：有管理专家曾说“人们只会做你检查的事情”，这句话虽然有点夸张，但大部分情况确实如此。所以，设定检查机制，确定检查的流程和检查的人，监督并帮助下属更加重视手头的工作。

5. 完成重启：我常说“一个阶段的结束是另一个阶段的开始”，不要让下属带着“批评”负重前行，批评是为了改进，复盘是为了翻盘，请让下属带着自己的新目标、总结出的经验，继续前进。

第三板斧：日常沟通小贴士。

1. 不用转折，多用并列。例如，不用“但是你还有这个错”，而是说“同时这个点需要注意。”

2. 不说“你听懂了吗”，而是说“我说清楚了吗？”

3. 不说“我来晚了”，而是说“谢谢你等我”。

4. 不说“我”，而是说“我们”。

5. 不说“非常抱歉”，而是说“还盼理解”。

6. 不说“你过分了”，而是说“我很生气”。

7. 不说“知道了”，而是说“多谢你的提醒”。

8. 不说“你很傻”，而是说“你很有想法”。

9. 不说“我没时间”，而是说“我会挤出时间”。

10. 不说“我不会”，而是说“我了解一下”。

11. 不说“不可能”，而是说“我努力争取一下”。

3.6 好好聊：天下是“谈”出来的

“我们很重视你。”

“我是一点都没有感觉到。”

场景案例

办公室例行会议，一位新入职的员工，因为交通拥堵，迟到了3分钟。

一进会议室的门，他的上级领导就让他站住，接受会议迟到的惩罚——做俯卧撑。这位新人脸色很难看，不管上级领导怎么督促，都一动不动，最后总经理让他坐下了。

全体会议结束后，部门各自开小会，上级领导再次让他完成迟到的惩罚，必须做俯卧撑。他终于憋不住了，很气愤地说：“我不做，我腰痛。”

领导：“你这是什么态度？”

新人：“我什么态度，你又是什么态度？”

领导说：“你迟到了，关于迟到的纪律已经说了3次，让你接受惩罚不对吗？”

新人反驳道：“我同意了吗？”

案例解析

所谓“良言一句三冬暖，恶语伤人六月寒”，高情商说话，是领导的必备技能，也是办公室良好氛围的基石。

而如果不会说话，或者不好好说话，就很有可能引起办公室“战争”，最后弄得两败俱伤。

职场“新生代”往往敢想敢说敢做，只要不服气，他是绝对不会委屈自己的。如果这个时候，我们身为领导还在用“以大压小”的方式来管理，那结果可想而知。

管理三板斧

“谈”的最高境界是同理心沟通，同理心做到位了，很多事情就能顺利解决，我们来看看“有效沟通”的三板斧。

第一板斧：沟通时，先处理心情，再处理事情；态度要热情，立场要坚定。

事情和心情虽然是两个概念，但作为一个有着复杂情感的人，许多时候，情绪和事情是交织在一起，分不清、道不明的。心情没有处理好之前，他的事情也很难处理好。反之，如果心情通畅了，事情也就迎刃而解。

所以，有效的沟通准则就是：先沟通处理心情，再谈话处理事情。需要注意的是，想要处理好员工的心情，往往可能要牺牲管理者的立场。这个时候，我们还是要坚守公司和管理者的“阵地”，做到和而不同，最好的表现形式就是：态度热情，但立场坚定。

第二板斧：及时反馈。

上下级沟通没有效果，也有可能是因为得不到领导的及时反馈，这无疑会给双向沟通带来很大的阻碍。

当然，我们也理解一些管理者的顾虑，确实有些反馈还需要获得公司的授权，但我们还是建议“及时反馈”。比如说，一些可以立即反馈的信息，可以马上将结果告诉下属；如果需要考虑或者需要和其他部门沟通才能反馈的，可以先和下属确认反馈时间，甚至可以让下属在规定的时间内主动再来提醒你。

这样就不会因为你“迟迟不反馈”影响沟通效率，也能让下属感觉“你很重视他的问题”。

第三板斧：用“赞美”说听者想听的。

高效沟通的三要素分别是：双方、双向、达成共识。

简单来说，沟通的最高境界莫过于，说听者想听的，听说者想说的。作为说话方，如果我们说的话，对方连听都不想听，那我们就完全没有沟通的意义，更别说达成共识；反过来，作为听话方，如果我们表现出“不想听”的态度，对方自然也没兴趣再和我们沟通下去。

如何有效沟通呢？推荐大家用“赞美”。

很多人容易将赞美和表扬相混淆，事实上，“表扬”是一种由上对下的“评价”，如老师对学生的表扬，管理者对下属的点评；而“赞美”则是两个平等的人发自内心的平等对话。

作为上级，更要将表扬和赞美灵活运用，原则就是：真诚、具体、用心。对沟通对象的某一具体行为作出由衷赞叹。

例如，小王提交了一份非常优秀的方案。

A领导表扬：“小王，这次交的方案非常不错。”

B领导赞美：“小王，这次撰写的方案非常棒，不仅有具体的操作方法，人员安排、时间节点、费用，还有突发预案，做得很详细！这么短的时间能把方案考虑得这么周全，非常不错！”

你觉得哪种沟通方式，会让小王充满成就感而更加努力工作呢？显而易见，A领导的表扬太过敷衍，说了等于没说；但B领导的赞美让人觉得真实又诚恳，小王自然开心。

给大家分享一个练习“赞美”的小方法：选择一个你喜欢的同事，用心观察他，试着写下他的10个优点，然后是20个、30个……

一开始，你可能只能写出诸如“头发黑、鼻子高”“性格好，工作积极”等显性的优点，但当你不断刻意练习，写到30个的时候，你会发现，那些隐性的层面都被你“挖掘”出来了，而这些都是需要你认真观察才能获得的。例如，“他的记性非常好，领导交代的再小的事他都能记住”，这样再碰到具体场景时，你对他的赞美就会很具体。

想获得高情商的沟通技巧，想脱口而出就能真诚地赞美他人，这个“赞美”技巧值得刻意练习。

我的小经验

管理过程中，我们常常会听到有些领导会这样抱怨：“我没说（做）错啊，为什么员工就是听不懂、做不好？”

这种情况，有可能是我们把一件事情“平面化”了；如果我们能用“立体的思考方式”来做管理，就会发现，一件事不只有“没错”一个方面，还会有“好、很好、高明”等很多点面。

例如，员工迟到，不同管理的点面下（如图3.1），做法大不相同。

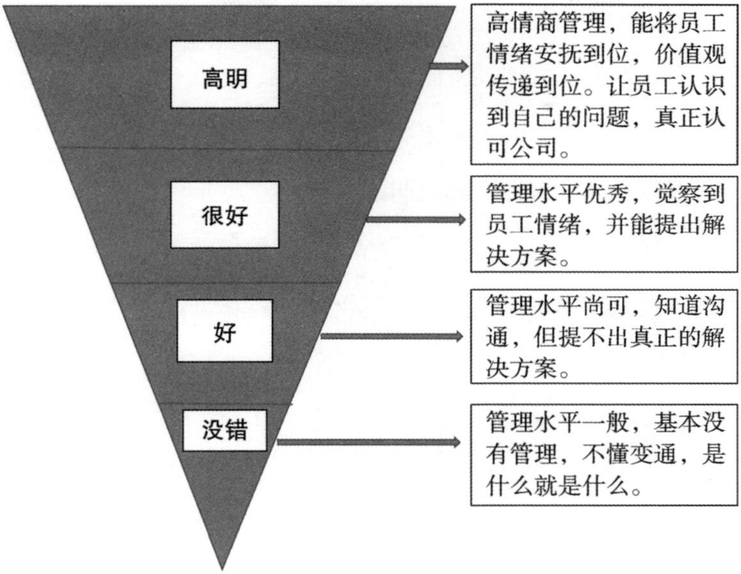

图 3.1　管理的四层境界

“没错”——按照规章制度来办，该怎么惩罚就怎么惩罚。

“好”——和员工沟通迟到的原因，安抚情绪并提出建议。

“很好”——和员工沟通迟到原因，安抚情绪并帮助员工解决问题。

“高明”——做事之前，会提前和员工沟通“规则和边界”，并与员工探讨制度的可行性，确定制度后，明确奖惩。

在充分了解每个员工的前提下，碰到重要情况，做三手准备以防迟到：

(1)当晚提醒他设定闹钟；

(2)再三强调明天有重要工作，务必重视，不能迟到；

(3)安排专人提供早晨叫醒服务。

如果还是迟到，了解真实情况，该帮助的帮助，该批评的批评，该惩罚的惩罚，适当运用弹性管理。

第四章

激发动力：内驱力才是根本

本章导读

拥有一个有“内驱力”的团队，是每个领导都梦寐以求的，那么激发团队成员的自我驱动能力就至关重要。

4.1 立功提拔：让80%的员工都受到嘉奖

> 一个百人的团队，每次都只表扬那几个人，没意思。

场景案例

我的保险代理人，是一位65岁的女性，服务我们家整整20年了。保险这个行业，人才流动是非常频繁的，所以我很好奇，她为什么能持久地待在保险这个行业？而且，团队里大部分还都是年轻人。

她告诉我，主要是公司的氛围好，奖励制度也好。

她们公司有个“百分俱乐部”，会对80%的销售人员进行奖励。为了让80%的销售人员都享受到这项福利，公司会想方设法制定业绩标准，帮助80%的销售人员达标，再帮助80%中的80%进一步突出业绩，最后，这些销售人员的“工资加提成”总收入，常常比总经理还高很多。

比起一个团队奖励的永远是个别的几个优秀员工，这家保险公司的做法实在太高明了。

案例解析

保险公司的奖励机制，最大化地激发了销售人员的热情和潜力，他们才愿意把100%的精力和才华都投入工作中，从而创造出最大的工作效益和业绩。

管理三板斧

“让80%的人员受到嘉奖”的底层逻辑是：一定要激励员工在多条跑道上发展，这样才能使员工真正安心地在最适合他的岗位上发挥能力。

只激励员工在一条跑道上发展，那一定会使跑道拥挤不堪，最终以失败收场。

那么，如何让尽可能多的员工受到嘉奖？为大家分享3个有意思的激励制度：

第一板斧：销售提成弹性制。

大部分公司，在销售提成的制度设计上，都只设置一个固定比例的提成。事实上，如果公司可以把一个档次的销售提成做成“弹性制”的，那么，大部分员工可能会选择“跳一跳”，去争取拿更高比例的提成。例如，将销售提成分为如下3个比例段。

（1）每个月必须完成的基本业绩指标，达成这个业绩指标会有相应的提成比例，我们假设该提成比例为A；

（2）如果这个月的基本业绩指标未达成，则提成下降一个比例，我们假设此比例为B；

（3）如果基本业绩指标超额达成，则下一个月的提成比例上升，按照比例C来进行。

结果显而易见，所有销售人员，都愿意去搏提成比例C。这种弹性销售提成制，能最大化激励销售人员，自然，员工的绩效水涨船高，公司的业绩也不断再攀新高。

第二板斧：年底绩效与培训挂钩制。

很多公司的年终奖，以传统的“干多干少都一样”的形式来发放。但多方调查和实操发现，公司如果能参照绩效评估与培训挂钩双轨制，效果会非常好。

如何让年底绩效与培训挂钩？

我认识的一家公司，非常注重员工学习与提升，为员工安排了非常多的内部培训与外部培训，同时，公司也鼓励大家在非工作时间去学习感兴趣的内容。

为了鼓励员工学习，公司会给每位员工发放“培训存折”（第4.1部分的“小贴士”中提供了“培训存折”的示例，上面明确记录课程的名称、课时、讲师等）；员工参加完一次培训，就会获得培训部门的盖章证明；同时，培训部门也会留存电子记录，以作存档。

到了年底绩效评估的时候，公司会依据培训时长，将培训绩效分为A、B、C三个等级，对应发放不同金额的奖金。同时，这份培训绩效，也是员工下一年升职加薪的重要依据。

对大部分员工来说，这是很容易做到的事，而且，公司会给员工极大的自主权，允许员工挑选自己感兴趣的培训，公司层面从不安排“必修培训”，但“重要培训”，公司会用“双倍积分”的方式去鼓励员工参加。

这样一个和绩效挂钩的“培训计划”，让公司文化欣欣向荣，年底的时候，几乎所有员工的“培训存折”都有满满的记录。

第三板斧：团队成员“贡献时间与成果”双累积制。

我们公司有着非常独特的“小天使”和“导师制”岗位。

“小天使”是指，像天使一样，给予新人更多的关爱，帮助他们尽快适应新环境的老员工。每一位新员工进来，部门都会派遣“小天使”帮助新员工迅速融入工作环境。“小天使”有明确的工作职责与范围（第4.1部分的“小贴士”中提供了“小天使”邀请函模板），一般上班3～5天。

“导师制”是指，有经验的老员工或者上级直接“一对一”带教，至少3个月，帮助新人顺利通过试用期。

“小天使”和“导师制”都是无偿奉献制，但对贡献者来说，这是需要在时间与身心上全力以赴的。所以，无论新人是否顺利通过考核，“小天使”和“导师”的贡献时间和成果都会被HR部门记录在案；如果新人有优秀成果，“小天使”和“导师”也会受到额外嘉奖，并成为年底加薪晋升的重要参考依据。

这项福利，不但能激发出老员工的责任感，更能让新员工感受到公司的温暖与关怀，同时，也非常有利于团队提升凝聚力和战斗力。

小贴士

“培训存折”封面示例：

“培训存折”内页第一页内容如下：

亲爱的学员伙伴：

欢迎加入××公司大家庭！为了帮助您尽快了解公司，融入团队，学习专业知识并提升工作技能，××公司培训部全体成员将竭力为您营造学习型组织的良好氛围，通过整合内外部优秀讲师资源和课程体系，为您打造系统而具有针对性的学习方案，帮助您尽快踏上职业化成长的“快车道”。

西谚有云：“存钱入袋，莫若留知于脑”，预祝各位通过专业的学习，获得个人能力的全面提升，拥有更加灿烂辉煌的职业生涯！

××公司培训部

内页正文：

序号	课程名称	时长	讲师	能力范畴	考勤确认

“小天使”邀请函模板

亲爱的×××（公司老员工）：

非常荣幸地通知您，您即将成为我们新员工的“小天使”！

您的加入将会为新员工的入职增添一份活力与色彩，同时也能让新员工尽快熟悉公司环境，融入我们这个大家庭。感恩您的支持与付出！

首先让我们了解新员工信息：

序号	姓名	性别	岗位	入职时间
1	×××	×	××××	××××年×月×日
2				

以下是“小天使”的职责，如有不详尽之处请第一时间与公司HR部门联系。

1. 陪同新员工吃第一顿饭（公司将给予每人××元的补贴）；

2. 带新员工认识每一位团队成员；

3. 简单讲解公司企业文化（公司架构、主要领导人等）；

4. 工作上的适当协助（办公设备、网络等）；

5. 熟悉周边环境（用餐、交通等）；

6. 加公司微信群，叮嘱改名：××部-×××（全名）；

7. 人文关怀：发放笔、笔记本、欢迎信等（前一天从HR部门领取）；

8. 布置桌面，接通电脑，通电通网通打印机；

9. 小天使的上岗时间为：3～5天。

悦己达人是项美德，感恩您的支持与付出，一起加油！

HR部门宣

4.2 论功行赏：及时考核，及时兑现

别“画饼”了，我们还是希望脚踏实地去工作！

场景案例

朋友的儿子，大学三年级去了一家特别知名的公司实习。一开始，孩子信誓旦旦：“毕业后，我一定要来这家公司工作。”

转眼就到了毕业季，朋友的儿子却再也没提过那家知名公司。

我很纳闷："那家公司你怎么不去了？"

他摇摇头："别提了，虽然那家公司很有知名度，但是，说话不算话，我不想去了。"

原来，朋友的儿子高考成绩非常好，引起了那家公司的注意，公司人事连续3年主动联系他，并邀请他以后来公司工作，还承诺了特别好的福利待遇。所以，朋友的儿子到了实习期，二话没说就去了那家公司，工作也非常努力。

可是，到了发放奖励的时候，那家公司却迟迟不肯兑现，理由是：疫情期间，公司经济紧张，希望大家与公司共渡难关。后来，朋友的儿子又等了一段时间，奖金总算发下来了，却比原来承诺的少了50%。人事还给他讲道理，说当时制度定得不合理，所以这次才削减了奖金比例，又说他现在是实习生，吃亏是福，以后有大把赚钱的机会。

朋友的儿子气坏了，他觉得自己的付出，比正式员工多得多，而且绩效特别好，再加上"被压榨被欺骗"的感觉实在令他觉得委屈，于是，他愤然选择离开。

案例解析

很多公司，在年初会议的时候，会公布年度目标，制定激动人心的奖励政策，为了鼓励员工，公司往往会把“饼”画得很大，可到了年末，却会把“饼”一缩再缩。

这样没有诚信的做法，无异于饮鸩止渴，员工的工作积极性必定下降，公司也得不到长远发展。

正确的解决办法是，采取明确绩效的方式，将绩效与激励固化并严格按照约定执行。

如果绩效方案本身有问题，公司也应该先按原有的方案执行。不足的部分在下次制订绩效方案时再修订。尤其在财务核算的时候要注意，将风险控制在最低范围，不要随便承诺。

有一家空调公司，他们干了一件在家电行业里不可思议的事情——一周发一次奖金。每周根据产品销量和员工工作表现，直接发放奖金，员工在下周一之前就能收到。

这种及时兑现奖金的做法，大大激发了员工的工作热情，对员工工作表现的影响是非常直接和有效的。

管理三板斧

当然，奖励也需要“论功行赏”，有以下3点要注意：

第一板斧：依据业绩目标、市场情况、人员情况进行充分的财务测算。

很多时候，公司不兑现承诺，倒也不是说话不算数，而可能是计划赶不上变化，公司利润没有达到预期。

我常说：变化也是计划的一部分。即便是“利润变化”其实也应该安排在“计划”里。也就是说，公司在一开始设定目标的时候，就应该将一些“变化因素”考虑进去，如天灾等不可抗力因素。

团队管理也应进行提前预判，人力资源是否运用合理？人才储备是否充分？管理层梯队是否部署到位？如果答案都是否定的，目标和奖金发放的比例就都需要进行精准的财务测算。

测算的标准是：企业有多少利润？愿意分出多少比例作为奖励？

第二板斧：奖励的达成及发放均要有区间。

奖励的设定可以分成A、B、C 3个区间，每个区间对应的奖励金额不一样，越往上，奖金金额越高。

C类目标，是80%以上的人都可以达成的目标；B类目标，是只要跳一跳，50%～60%的人都可以达成的目标；A类目标，则是肯动脑又肯行动的员工专属，设定20%～30%的员工可以达成。

奖金则可以按照如下比例发放：只要客户款到账（或者工作绩效达成），就发放50%的奖金；该订单交付完毕（或者工作绩效持续发酵一段时间），就发放30%的奖金；年终一次性发放余下的20%奖金。

第三板斧：奖励发放的形式要多动脑、多用心。

有家公司，年终要奖励销售冠军13万元，老板决定以现金的方式发放。老板单独把销售冠军叫到办公室，对他说：“你年度业绩突出，公司决定奖励你10万元！”

说着，把包好的10万元现金直接给他。

销售冠军非常高兴，连声道谢。

总经理又开口：“今年你一直在忙项目，没什么时间陪爱人吧？”销售冠军说：“今年我在家不超过10天。”

总经理继续夸赞之余，又拿出1万元递到销售冠军手中：“这是给你爱人的，感谢她对你工作无怨无悔的支持。”

接下来，又如法炮制，奖励了1万元给孩子：“告诉孩子，他有一个伟大的爸爸！”

又奖励了1万元给销售冠军的父母：“我要写一封亲笔信给二老，感谢他们为公司培养了如此优秀的人才。”

一番操作下来，销售冠军已经感动得泪流满面，哽咽着对老板说：“多谢公司对我的栽培，我一定更加努力！”

同样是13万元，比起直接线上转账，老板用这种“感谢销售冠军全家人支持”的方式发放奖金，效果真的太好了。

小贴士

不花钱激励员工的8个方法

1. 明确清晰目标。公司可以和员工一起制订目标，在共同明确清晰目标的过程中，员工会觉得自己是肩负重担、公司不可或缺的一员，由此产生的责任感和成就感，能对员工产生很大的激励作用。

2. 正面的认可与鼓励。量化及具体的认可与鼓励能让员工内心获得巨大的力量。

3. 荣誉与标签。当员工获得荣誉时，让所有团队成员为该员工的荣誉而欢庆。而当你为某位或者某群员工贴上“某某专家”的标签，他们就会为维护这个“标签”而努力。

4. 员工的“特权”体系。这类激励的核心关键，在于制造差异，让其他员工羡慕才算好。当然，这一点在执行的时候要注意尺度。什么“特权”能达到这样的效果呢？比如，安排老板专车接送优秀员工上下班一天；邀请优秀员工在某星级酒店共进早餐一次等。

5. 资源倾斜。将资源倾斜在某一类员工或者某一类团队身上，以此鼓励优秀的员工做出更多出色的成绩。

6. 尊重个性。允许员工对化妆、衣着、发型有个性化追求等。如有的公司设立专区，给员工“撸猫”、喝下午茶。

7. 多重身份的认可。几乎所有人都会认为自己提供的东西是独特而有价值的。除了工作上的贡献，可以组织几个互助小组或者学习小组，让可以发挥独特价值的员工，继续以不同的身份，来获得成就感。

8. 适当下放权力。这样既能减轻管理者的负担，又能让员工收获“信任感”，工作就会更有动力。

4.3 弹性管理：天黑请“闭眼”

“为什么今天这么晚才来上班？”

“昨天领导开会开到了晚上11点……”

场景案例

我们来看看工作中无处不在的“弹性管理”：

案例1：某员工迟到30分钟，解释说今天交通很堵，老板表示理解并不作处罚。另一员工迟到1小时，解释说早上觉得胃不舒服，本打算请假但想想工作重要，还是坚持来上班，老板不仅表示理解还十分感动，更没有按迟到处理。

案例2：某员工与客户争吵，导致客户强烈投诉，老板在处理的过程中，了解到该员工家里最近发生了些事，导致该员工情绪波动大，最后决定不按公司客诉规定处理此事。

案例3：某员工下午上班时间在工作岗位上进食，违反了公司规定。领导询问原因后了解，该名员工是因为和客户沟通时间太长导致错过午餐时间，实在肚子饿才在上班时间吃点食物。领导表示体恤，不作处罚。

案例解析

“没有规矩，不成方圆。”

拥有严谨的制度，是公司良好运转的前提。制度的执行靠什么？是靠一丝不苟的执行力，还是靠企业文化的感染力？

其实，制度的推行，并不像装一台机器、装一套系统那么机械，而是会存在很多的特殊情况，需要充分考虑各种问题，设计一套健全的、有“弹性”的制度。

在实际管理中，管理者应谨记：制度可以死，管理必须活，需要“人情味”。但我们必须认识到，在前文的案例中，领导的“人情味”太重了，很容易导致其他员工“效仿”，反而带来不好的影响。

管理三板斧

制度的刚性与执行的弹性，在很多时候是矛盾的。

原则上来说，无情的制度下，应该有柔性操作的一面作为补充；人性化管理中，也应该有刚性的制度进行制约。

好的管理，要有法可依、有迹可循，有分寸、有度量。

如何弹性管理？我们来看看具体运用：

第一板斧：“弹性”运用在工作时间上。

第一，核心时间与弹性时间结合。

公司可以制定规则，工作日的时间由核心工作时间（通常为5个小时）和前后两头的弹性工作时间组成。核心工作时间是每天某几个小时所有员工必须上班的时间；弹性时间是员工可以自由选定上下班的时间。

例如，某公司规定每天工作时间为8小时，核心工作时间是9时至15时（午餐1小时除外），而办公室的实际开放时间为

6时至18时。公司要求，在核心工作时间内，所有员工必须到岗，但核心工作时间外，员工可以自行决定工作时间。

欧洲一些企业的“弹性工作时间”非常灵活，员工可以在上半年完成工作后，选择自己下一年每个月愿意工作的时间，使员工有更灵活自由的时间去处理个人事务或进修学习。例如，一个全日制工作者可以选择下一年每个月工作173小时；又如，一个计划每个月工作110小时的员工，可以安排7月工作150小时，8月工作70小时，剩下的时间可以去滑冰。

第二，建立自主型组织结构。

可以让员工自主决定工作时间、决定生产线速度，大大提高工作效率。如瑞典的沃尔沃公司，为发挥团队合作的效率优势，公司从1988年开始，将装配线改为装配岛，把员工从重复枯燥的流水线中解放出来，8～10人一组，灵活合作，让员工获得极大的自主性，自行安排生产时间、休息时间等。有资料介绍，德国有25%的工作场所、瑞典有20%的工作场所、美国有15%的工作场所采用的都是这种自主型组织结构。

第三，重新设计工作分担方案。

该计划允许由两个或更多的人来分担一个完整的全日制工作。比如，公司可以按“40小时/周”来安排工作，由两个人来分担，一个人上午工作，一个人下午工作。在公司困难时期，公司可以用临时削减员工工作时间的方法，来避免临时解雇员工。比如，为了避免“解雇30名员工”，公司的400名员工愿意每人每天只工作7小时，每周只拿35小时的工资。

第二板斧：“弹性”运用在制度上。

公司对员工的考核，更侧重于是否高质量地完成了任务，并不局限于具体时间。只要员工在要求的期限内保质保量完成任务就照付薪酬。

比如说，华为是严格考勤的典型代表，员工必须严格执行上下班刷卡制度，但华为的刷卡制度非常“弹性”，充分考虑了员工加班刷卡、忘记刷卡、工卡遗失等情况，也对部分特殊岗位制定了弹性工作制、免刷卡工作制、手工考勤制度。

以员工忘记刷卡为例，华为考勤制度规定：“一个月内，忘刷卡在4次之内，属个人责任的（不包括系统故障），填写《异常刷卡反馈单》后，不扣工资；从第5次起，每次扣半天工资。”

第三板斧：“弹性”运用在员工的满意度上。

谷歌认为，一个好的企业，是不用靠纪律去约束的，而是靠企业文化去感染的。

谷歌推行人性化考勤制度，上下班时间没有硬性规定，还允许员工拿出20%的时间来研究自己感兴趣的内容，甚至可以带着宠物来上班。

还有的新兴公司，甚至允许员工的工位按照自己想要的样子来设计，带床来也可以，只要把工作干完就行。

小贴士

行政管理“弹性”处理方法

如果员工因特殊原因而迟到，如何弹性处理呢？

1. 堵车：不是理由，按制度执行。

2. 生病：带病坚持上班者，让其回家休息，允许在家办公。

3. 家事导致情绪失控引起客户投诉：公司层面立刻向客

户致歉，并作出相应补偿；HR部门了解员工家庭具体情况，给予关怀，帮助疏导解决；该员工引起的客户投诉，按照事情轻重等级，给予部门口头或者书面批评。根据相关制度，严重时予以绩效扣分的处理。

4. 非主观原因导致上班时间在工位上用餐：公司应“修理路”，而不是“修理人”。可以辟出一块空间，供员工用餐与休闲使用；特殊情况可以特殊处理，但应告知员工，需要提前和领导沟通。

4.4 文化先行：让“企业文化”刻在骨子里

“你凭什么认为这么难的事情你们能够完成？”

“我们公司的理念就是‘不是不可能，只是暂时没有找到方法’。”

场景案例

家里的后辈特别喜欢去西贝吃饭，我问：“你们年轻人不是喜欢吃西餐吗？西贝的菜品那么少，你们为什么喜欢？”

他们七嘴八舌地说：“原材料很正宗很新鲜。”“菜品颜色和味道都很不错。”

“最重要的一条，你任何时候不满意，哪怕你把这道菜吃完了，只要你想退，服务员也会立刻退。我们觉得这个服务很好，很喜欢。”

我笑笑：“那是人家的企业文化好，制度好。”

案例解析

好的企业文化，不会停留在喊“口号”层面，而是公司全员，从董事长到所有员工，都将企业文化谨记于心，并积极用行动去践行，它会创造出一种积极向上的团队氛围，成为全公司员工共同拥有的“摩斯密码”。

管理三板斧

企业文化或称公司文化，一般是企业中长期形成的共同理念、基本价值观、作风、生活习惯和行为规范的总称，是企业在经营管理过程中创造的具有本企业特色的精神财富的总和，对企业成员有感召力和凝聚力，能把全体员工的兴趣、目的、需要以及由此产生的行为统一起来，是企业长期文化建设的反映。

如何让企业文化刻在每位员工的“骨子里”？

第一板斧：确定企业全体人员要遵守的“共同理念、基本价值观、作风”等，并阐述这个理念、价值观的意义。

我认识的一家企业，有一条“不说‘不可能’”的文化。

他们要求全体员工不说“不可能”三个字。同时，在行动上，努力去达成一个又一个看似不可能达成的目标。

一开始，99%的员工都觉得老板“疯了”，怎么可能不说“不可能”？这本身就是件不可能的事。

老板坚定地解释：“不说‘不可能’是一种态度！是让你遇到问题的时候，不要第一时间找借口，而是要坚定信心，相信自己可以解决，积极地想方法。”

员工们也不好反驳，只能被动地去执行。一开始，很多人都不看好这条规定，但没过多久，奇迹发生了，大家发现，工作的时候，当在口头上不再说“不可能”的时候，行为上就真的发生变化，遇到问题，大家不再习惯性地放弃或者寻求上级领导的帮助，而是开始动脑筋想办法，不说"不可能"。

后来，这家公司的企业文化深入人心到什么地步呢？连员工去团建唱歌的时候，发现歌词里有"不可能"三个字，都会彼此会心一笑，习惯性跳过那三个字。一种快乐又向上的文化在团队里流动着：不是不可能，只是暂时没有找到方法，给我一点时间，我一定可以攻克它！

第二板斧：有相应的制度配套，由管理层开始从上到下贯彻执行。

还是这家公司，自从制定"不说'不可能'"之后，他们还配套设定了一套快乐制度，用以将之落地。

出乎意料的是，这套落地方法叫"快乐基金"——准备好笑脸储钱罐，印上"不可能"三个字，然后在上面打个大大的红叉，凡是讲了"不可能"三个字的员工，就需要罚一元钱扔进储钱罐，然后在一个特定的日子，把"快乐基金"取出来请大家一起喝奶茶。

或许你觉得一元钱很少，要请整个部门喝奶茶得攒到什么时候？意外的是，不到一个月的时间，该部门就喝了两次奶茶。可见，“不可能”确实是大部分人的口头禅。

该公司不但从制度层面让大家接受，还从“人情味”方面让大家快乐地践行“不说‘不可能’”，这个企业文化推进得可谓非常成功。

第三板斧：复盘、改善、宣导，使企业文化固化。

“不说‘不可能’”的企业文化，还让该企业连续3年实现了100%的业绩递增。

该企业将“不说‘不可能’”运用到各个层面，并创新了很多拓展训练，不断复盘迭代，对全集团几千名员工进行持续性的宣导。

就这样，他们连续3年实现业绩100%递增！这在业界，确确实实是“不可能”的冠军事件，但他们却做到了！

小贴士

“快乐基金”的操作方法

1. 之所以称为基金，是因为它确实是真金白银。

2. 基金的来源是“罚款”，即针对任何一位参与的成员，因为违反规则，如迟到，对他所作的现金处罚。

3. 罚款金额建议为1元/次。当然，也可以规定得多一些，但我还是建议选择“1元钱”作为罚金。因为金额太大，会违背本游戏的宗旨，不但达不到预期效果，还不容易坚持，毕竟，惩罚不是本游戏真正的目的。

4. 游戏目的，是通过每一次小小的惩罚，提示当事者注意不要再违规。小小的又不伤自尊的惩罚，有助于当事人在潜移默化中以最快的速度改变不足。

5. 基金存放在一个公开摆放的储钱罐里。让储钱罐视觉化，是本游戏的又一要诀。

6. 基金的用途，可设定为集体活动经费。切记千万不可交给财务，当作公司的利润收入。

7. 游戏的参与者。此游戏可以个人玩，既训练了自己的自律性，又能存点零花钱。当然，更有意思的是邀请大家一起参加，独乐乐不如众乐乐。

“快乐基金”游戏的好处非常突出。首先，这个游戏特别简单，易让人接受，易推行；其次，它特别轻松，既人性化，又有幽默感；最后，这个游戏特别适合难以靠强制方式推行的企业文化建设。

4.5 比武大会：选拔比培养更重要

革自己的命，“卷”出花样！

场景案例

我的一位朋友，是家具企业的老总，他是军人出身，所以他制定了一个特别有意思的企业文化：每半年都要组织全国五十多家分公司进行内部“大比武”。

“比武”的内容多种多样，有比木工手艺的，有比安装速度的，有比销售水平的，有比木料鉴别的……

“比武”期间，企业内部的氛围，热闹得就像过年，每家分公司选派的代表都摩拳擦掌，恨不得把所有奖项都纳入囊中，当然，奖项除了荣誉外，还有丰厚的物品与现金。

这样的企业文化，简直就是双赢：企业通过“比武”迅速选拔优秀人才；而人才通过“比武”物质精神双丰收。也就不奇怪，为什么这家企业的业绩被业界视为神话。

案例解析

市场低迷期间，公司学会“革自己的命”特别重要。

就像案例里的家具企业，通过内部的“大比武”，各种人才层出不穷。

员工想要去总部参赛，必须先过分公司这关，所以，先要和公司的同事“比”；同公司比完的获胜者才有资格去总部参赛。去总部参赛，不抱回几个奖杯，总觉得“无颜见江东父老”，团队的士气就这样在比赛中被激发，战斗力也在这种对抗性演练中稳健提升。

我们的文化传统是“以和为贵”“自己人不打自己人”。但从组织管理策略上讲，“自己人的竞争”有时候甚至比“自由市场竞争”更符合公司利益。这样的竞争带来的最大优势就是：让大量人才脱颖而出，为公司奠定坚实的市场地位。

管理三板斧

知道了“大比武”的威力，怎么运用呢？

第一板斧：“大比武”在各种企业的运用。

如果我们是生产型企业，可以定期组织产量“大比武”、损耗下降“大比武”、车间环境卫生等“5S管理”的“大比武”。还可以通过看板管理、产量公示榜、工艺质量榜等榜单评选出标兵、最优员工，这些形式也能起到“大比武”的效果。

如果我们是销售服务型企业，可以增加话术演练赛、销量竞赛、客户新增“爆破营”等业务技能和行为动作“大比武”，还可以通过制作电子海报、视频、荣誉证书、锦旗等进行表彰。

第二板斧：怎样组织一场成功的“大比武”。

1. 明确目标，传递想要达成的结果。

2. 制定清晰的规则标准，量化到具体时间、流程。

3. 选拔参赛人员，做好参与、后勤、呐喊等分工。

4. 设立奖项，顺应人性中“追求快乐逃离痛苦”的本能。

5.筹备足够资源，包括人员、政策、方法、工具物料等。

6.召开前期动员会、中期带动分享会、后期成果表彰会。

第三板斧：选拔人才的方法，除了“大比武”，还可以直接引进“鲇鱼”。

管理上有个著名的“鲇鱼效应”，背后有个有趣故事。据说，欧洲人好吃沙丁鱼，但由于沙丁鱼主要产自非洲海域，路途远，运输条件差，活鱼很难运回欧洲。这个问题困扰了欧洲人几十年。直到一次运输，由于工人的偶然失误，将沙丁鱼的天敌鲇鱼，放入沙丁鱼群中。细心的鱼老板发现，不爱动的沙丁鱼为避免被鲇鱼吞食，开始不停地奔命游窜。所谓生命在于运动，尽管有个别沙丁鱼葬身鲇腹，但绝大多数沙丁鱼却“生龙活虎”地活了下来。此后，每次运输沙丁鱼，他们都会在水槽中放进一条鲇鱼，保证整个鱼槽的鱼都充满活力。

一个企业，如果长期听不到反对意见或不同声音，就有必要去挖掘“鲇鱼型”员工，或通过对外招聘的方式引进背景、价值观、态度或管理风格与当前团队不相同的个体，引导其直接与原有员工产生良性冲突。

4.6 给他舞台：帮他梦想成真

离开不是不忠不义，相反，转角往往会遇到“爱”。

场景案例

好友公司最近碰到个很棘手的问题：核心主播要离职去自主创业。这个主播的账号已经有几十万粉丝，而且还在快速涨粉中，平均每日变现10万元。

了解了更多信息后，我问朋友有多大把握留下她？

他很无奈：“仅一成把握。”

我继续问：“如果难以挽回，你是否愿意投资她？”

朋友眼睛一亮，声音大了十分贝："怎么理解？"

事实上，"培养员工"本就是投资，公司在员工成长的过程中已经获得回报，如果合约到期，她有权选择继续或离开。但即使她离开，公司依然可以选择商业投资，比如账户继续给她播，从原来的"薪酬与奖金"机制，转为"成果利润分账"，你提供平台，她展现自我，帮她实现梦想，帮公司创造利润。

半个月后，好友特意来向我表示感谢，同时还发来那位主播录制的感谢视频。是的，他们携手合作了。

案例解析

每位努力上进的年轻人，都渴望在更大的舞台实现梦想，希望自己可以展翅高飞，自由翱翔。

事实上，对于公司管理者来说，我们和员工的关系不一定非要限于"老板和员工"的上下级关系，或觉得员工"离职"就是不忠不义。

阿里巴巴的合伙人制、华为的万股制、海尔的裂变孵化制，等等，其实都是企业管理的另一种方式。

企业发展初期可能更多是为了实现老板自己的梦想，发展到一定规模，就必须承载团队的梦想，更需要为团队成员提供实现梦想的舞台。

管理三板斧

怎么把公司的“舞台”夯实做大？

第一板斧：搭建成长体系。

初入职场的大学生，即便他们在学校学习了十几年，进入社会后，他们依然需要在岗位上系统地学习，因为“学校教育”和“工作经验”本就是两套不同的体系。

公司需要搭建完善的“员工成长培养体系”，从入职培训，到在岗培训，通过师徒带教、日周月会、集训营等方式，让员工经历学、练、答、考、赛等几重阶段进化，助力他们生出丰满羽翼，让他们拥有展翅高飞的能力。

第二板斧：搭建晋升的机制。

公司也需要搭建完善的晋升机制，给团队每位员工都做好职业生涯规划，让他们在公司也能经历如在学校般的“幼、小、初、高、大”的进阶过程。

公司可以从3个维度设定晋升机制：

第一，管理方向。从基层到储备干部、中层管理，再到高层管理，最后到决策层。针对有管理才干的成员，设定清晰的晋升路径。

第二，岗位方向。从“菜鸟”到“飞鸟”再到“老鸟”，让员工能因为能力、资源、经验的沉淀积累，级别与收入都随之提升。

第三，专业方向。从士兵到训练师，从枪械维护员再到武器锻造工匠，最后到新型武装研发和抵御对手武器的工程师，帮助员工找到最适合的职业发展路线。

美国职业篮球联赛（National Basketball Association，NBA）中，球员可以从新秀到轮换、到主力，再到首发，最后到球队领袖，这条晋级路线可能很短，也可能到退役都没法全流程走完。但有了晋升机制，团队就能不断迭代，一直创新突破，持续保持竞争力。

第三板斧：搭建实现梦想的平台。

管理者，一定要懂得搭建“大舞台”让尽可能多的员工表演，而不是只让少数员工表演。

有人会问，哪有那么多舞台？再说，优秀员工就那么几个，晋升职位也有限。

事实上，搭建舞台的本质，是为了给员工创造“发挥特长”的机会，比如让员工主持一次会议，让员工负责一个小攻关，让员工当专项小组组长，让员工轮流当读书会会长，让员工在董事会上展示工作方案……

如果每位员工都能在团队里展示自己的所长，看到自己的价值，自信心和成就感就会油然而生，从而也就对工作有了更高的热情，对公司有了更强的归属感。

说到底，为员工搭建舞台，成就的是他人，成功的是自己！

第五章

魅力领袖：掌握六“会”成王者

本章导读

领袖不是天生就具备很多才能，而是通过不断磨炼成就其魅力！

5.1 会选人：双向奔赴，才是最完美的

"00后"大学生"怒怼"面试官："不是双休我不干！"

场景案例

曾有这样一则新闻："00后"大学生"怒怼"面试官："不是双休我不干！"

真实情况是怎样的呢……

答应来面试的"00后"女孩迟到了，她进门不但没道歉，反而把包随意往桌子上一丢，用手挽了挽头发，轻松

地说了句：“不好意思，来晚了，我们可以开始了。”

面试官都被她的气势惊到了，更令人惊讶的是，这女孩还主动提醒面试官：“我对薪资待遇和工作时长最关心，建议你们可以重点从这两方面谈一谈。”

面试官告知女孩，该岗位的薪资水平，且需要大小周轮换工作后，“00后”女孩皱起眉头，坦言还需要考虑考虑：“大小周我可能不是很满意，今天就这样吧，还有两家等着我去面试呢。”

离开时，她还不忘要走简历，以防个人信息泄露。

案例解析

“00后”大概率是听着“既然合不来就不要勉强自己”的箴言长大的。

找一份工作选一个老板，对他们来说，就像谈一场恋爱，喜欢就在一起，不喜欢马上就分手。把前文案例里的面试场景换成相亲场景，一点都不会违和。

很多老板很疑惑，现在就业环境不好，工作压力大，“00后”找工作为啥还这么挑剔？

是“00后”不懂事吗？我不这么看。

“00后”学历高、独立、爱宅家，他们物质丰富、爱养宠物，是网络社交平台的“原住民”，宽松的成长环境下，他们习惯于把自己的感受放在第一位，不会委屈自己。

在某种程度上讲，这是个很好的品质。

管理者要想有效地招聘到“新生代”员工，除了解年轻人的想法之外，迭代公司的经营方式，会选人也非常关键：招对（靠谱）的人，而不是招“好”的人。

管理三板斧

参考以下“三板斧”招聘新员工，可以有效提高招“对”人的比例。

第一板斧：企业应该先准备好招聘岗位的“岗位画像”，先清楚定位自己需要什么样的员工；同时，要准备好企业的完整介绍。

这里有3个维度：

1.讲好公司的“故事”。

无论是在视角还是在观念方面，“00后”都是非常新潮独特的，所以，不要拿一个冷冰冰的招聘需求去定义公司和岗位，而要用一个“好故事”去描述公司和岗位；如果招聘广告能做到活泼有趣又有料，那就是引起“00后”兴趣的极好的招聘广告。

我们可以给应聘者看公司的品牌故事、创始人故事。让“00后”理解，我们需要什么？我们为什么可以吸引他们？我们能给他们提供什么？我们的观点是什么？我们是怎么看待世界的，等等。

真正优秀的“00后”，真的会沉浸在故事里寻找共鸣。

我们来看看苹果公司的招聘广告词：

各位敢于不断从零开始的人

爱唱反调

讨厌合拍的人

各位不懂得随大溜，不看规则的眼色

能投入新世界，重塑自我的人

各位睁眼白日梦，闭眼天马行空

满脑子理想和幻想的人

各位能在一片草地里

分辨出万千种绿色的人

还有……

向那些疯狂的家伙们致敬：

他们特立独行，

他们桀骜不驯，

他们惹是生非，

他们格格不入，

他们用与众不同的眼光看待事物，

他们不喜欢墨守成规，

他们也不愿安于现状。

……

是不是很棒？一腔热血马上被点燃！太适合“新生代”了。

2.介绍岗位时，应清晰量化，且有扩展性。

时代瞬息万变，在这个不确定的时代，管理者在招聘时，不要把“岗位描述”框死，把岗位职责描述清楚，清晰量化即可。因为优秀的人是有能力重新定义岗位的。

让我们来看一家广告公司的招聘广告（见图5.1）：

我们不承认，在广告圈流行着“广告狗”的说法。
但我们不得不承认，
在老板离开后，我们活成一条脱缰的野狗！
而这次我们决定再玩大一点儿，
招兵买马，我们说了算！

首先你得是个美拍达人，美颜相机、FaceU秒拍的熟练度达到大师级别，不然每年一次的公司境外旅游，谁负责把我们拍得好看？

另外你要有个吃货的心，毕竟每月员工生日会上的奶油蛋糕、比萨、水果……需要有人消灭，对了，你每个月还有50元零食费的任务要完成。

当然你必须是个合群的人，不然每周的羽毛球运动、台球比赛会没人给我们练手。

除此之外，你还得是个不怕黑的人，总监会不定期关你进“小黑屋”补习广告知识理论。

最重要的一点，你得是个广告狂热分子！当我们的创意被老板否定后，你要帮我们出头并站在桌子上卖稿，这是老板唯一默许过的“潜规则”。

如果很不巧你跟我们是同类人，不妨把你的简历投过来，让我们看看你多有趣。毕竟好看的皮囊千篇一律，有趣的灵魂万里挑一。

图 5.1　招聘广告示例

3.明确提出该岗位的特定要求。

比如，该岗位要求必须大专或以上，普通话必须甲等以上，需要加班等。这些原则性的条件需要明确提出，不可模糊。以人事经理这一岗位为例，此岗位画像（见表5.1）仅供参考，宜据特定岗位具体制定。

表 5.1　人事经理的岗位画像示例

序号	画像内容	本岗位行业画像（举例）	评分					评分标准（举例）	评语
			1	2	3	4	5		
1	年龄	36～44岁						36～44岁为5分，20～35岁为3分，45～60岁为2分	
2	风格	亲切随和、爱笑						亲切随和、爱笑5分，不苟言笑2分	
3	体型	中等微胖						中等微胖5分，太胖3分，太瘦2分	
4	婚育	已婚已育						已婚已育5分，已婚未育4分，未婚未育3分	
5	学位	大专						大专5分，本科4分，硕士3分，博士2分	

续表

序号	画像内容	本岗位行业画像（举例）	评分					评分标准（举例）	评语
			1	2	3	4	5		
6	身高	155～175厘米						低于155厘米3分，155～175厘米5分，高于175厘米3分	
7	专业	非专业						……	
8	经验	3年一线经验，2年管理经验						……	
9	谈吐	逻辑清楚，讲实话						……	
10	打字	60字以上/分钟						……	
11	电脑	Word/Excel/PPT操作熟练						……	
评分小计								评分人： 时　间： 年　　月　　日	

第二板斧：观察面试者是否尊重面试官，是否能够大方清晰地表达自己的观点。

作为面试官，我们需要以平等的姿态和应聘者交流，事实上，每一次面试也都是宣传公司品牌的大好机会。

面试时，我们应该真诚地表达我们的意愿，同时，好好设计面试问题，进行一场平等的对话。

如果面试者能够大方清晰地表达自己的观点，同时，也能接受你的观点。那么，恭喜你，这将是三赢的局面！这意味着面试者认可公司品牌，面试官获得了应聘者的信任，而公司很有可能选到了一个“种子选手”。

针对“新生代”面试者，建议面试官可以提以下问题：

1. 你在学校担任学生会职务期间，或者实习期间，是否主动想过改善这些组织里的一些问题？有哪些事情不是老师或者老板布置给你的，而是你自己想要去做的？

2. 是否参加过项目或比赛，获得过什么成绩？你自己觉得这件事情能成功的原因是什么？你从中学会了什么？

3. 你在每一个重要的人生关口是怎样做选择的？比如，为什么选择出国而不是学校保研？

第三板斧：判断顶级人才的标准——应聘者有明确的自我追求，清晰地了解自己为什么来应聘，自己能为企业带来什么价值。

这样的年轻人属于顶级人才，典型的“心里有火，眼里有光”；如果面试官遇到这样的人才，一定要“抢”。

你不用告诉他他要做什么，因为他会主动告诉你他能做什么。从宏观战略到细节战术执行，从抓团队、发现问题到出结果，他自己能评估优先级。你会发现他学习和进步的速度远远超过你的想象。

我的小故事

管理者“招人”秘籍：吸引法则

在二十多年的管理生涯中，我发现，公司的顶级人才大多不是被招聘来的，而是被“吸引”来的。

有一次，我去麦当劳用餐，注意到冲咖啡的男孩，他的笑容特别温和，长得也周正，最重要的是他待人接物有礼有节，看到我拎着大包小包，特别热情主动地上来帮忙，我就和他多聊了几句。原来，他是大学生，还是学校的学生会干部，只是假期来麦当劳勤工俭学。

我觉得他的特质，特别适合我们客服部门！于是，我立刻递出名片，邀请他来我们公司看看。后来，他毕业后，果然来了我们公司，从实习生做起，3年时间，晋升分公司客服部经理；再3年，升任集团客服部经理；再2年，升任集团客服部总监。

当然，能获得这样“火箭式”的成长，除了公司提供的舞台好，他个人的优秀和努力也不可或缺。事实上，公司与人才的选择是双向的。那么，我们公司为什么能吸引他这样优秀的人才呢？其实，当时向他递“橄榄枝”的公司有很多，我们公司虽然在行业里口碑很好，但毕竟是民企。他入职的时候，我问他为什么最终会选择我们公司？他回答：“其实各公司的待遇都差不多，能够吸引我的，更多的是公司领导的魅力。和其他公司领导比起来，您是唯一一个主动和我讲公司有哪些缺点的领导。所有公司管理者都会展望公司的未来，但您不仅给我‘画了饼’，也明确告诉了我该如何吃到这块‘饼’。更重要的是，我们是在麦当劳认识的，您当时拖着行李，非常平易近人，我其实是被您吸引来的。”

事实上，越优秀的人越无法通过“招聘”获得。所谓，同频的人总会相遇，优秀的人更靠“吸引”，连苹果公司创始人乔布斯招人，也靠吸引力法则。

乔布斯非常欣赏百事公司的高管斯卡利，他试图说服斯卡利转投苹果公司，为此，他开出了“一串电话号码般长”的巨额薪水。但是，斯卡利拒绝了。

乔布斯又给出了超过5000万美元的股票期权，斯卡利仍然拒绝。因为太过爱才，乔布斯还是不断给斯卡利打电话热情邀请，斯卡利都礼貌地拒绝了。

这种情况下，乔布斯还是没有放弃，他特意飞到纽约，与斯卡利面谈，请他重新考虑。斯卡利仍然拒绝，说自己在百事工作了很多年，自己的未来只能在那里。

乔布斯看着斯卡利的眼睛说：“你是想后半辈子都卖甜水，还是想要一个机会来改变世界？”

就这么一句有关“梦想”的话，乔布斯最终吸引了斯卡利的加入。那么，管理者应如何更好地吸引人才呢？我总结了几个方面（见表5.2）：

表 5.2　吸引人才可参考方面

序号	方面	具体内容
1	管理者的定位	公司首席“招聘官”
2	管理者要展示	（1）公司的价值； （2）自己独特的气质：价值观、故事、性格、对未来的期许
3	管理者对人才	（1）看到并准确地表达对人才的认知（他的哪几点吸引了你）； （2）激发人才内心的渴望（是要“卖甜水”呢，还是“改变世界”）； （3）解决人才的后顾之忧，关心他的生活

越双向奔赴，越能拥有多赢的结局。

5.2 会管理：运用“盲盒”管理体系，没有加班

凌晨两点爬起来排队买盲盒……

场景案例

侄子考上了心仪的高校，高兴之余，他又被大学录取通知书“惊喜”到了。

原来，除了录取通知书，学校还专门给他们邮寄了校徽盲盒，并告知这些准大学生们，如果集齐九种颜色会有更大的惊喜。

一时间，“盲盒”录取通知书，在网上引起了超高话题度和讨论参与度，大家都认为，这种“盲盒互动”，能非常迅速地帮助大学生融入新校园。

事实上，“新生代”对“盲盒”的喜爱是狂热的，就像我的侄子，他对盲盒的喜爱一直持续到大学毕业，他和他的小伙伴们为等一个盲盒的“出世”，可以推掉加班，可以请假，可以凌晨两点爬起来排队……

这种让年轻人们“上头”的盲盒，如同“薛定谔的猫”一样充满未知。因为“不确定”的未知感，大家更容易获得刺激感和惊喜感。

而这种“盲盒效应”，是可以用在“新生代”管理上的。

案例解析

消费心理学认为，每一次消费都是由人们的一次情绪波动引发的。这种情绪消费在盲盒上体现得淋漓尽致。天猫《95后玩家剁手力榜单》显示，“95后”最“烧钱”的爱好中，潮玩手办位居第一！而盲盒收藏是增长最快的领域，天猫一年有近20万个在盲盒上花费超过2万元的玩家。

如此高的销售额，盲盒贩卖的究竟是什么？是情绪！

盲盒的魅力大于加班100倍吗？

对“新生代”来说，答案是肯定的。

“盲盒”和“加班”是截然相反的两个方向，“加班”二字在当下，是负面的代名词，与无能表现、被迫工作、影响生活等相关联，这种情形下，人们是不快乐的，又谈何有魅力？但盲盒是能让人投入其中，获得快乐，忘记时间的。

这也是“新生代”员工抵制加班的原因。庆幸的是，公司管理，也可以参考“盲盒体系”来激发员工积极性。

管理三板斧

如何运用“盲盒”管理体系，做到“不加班”？

第一板斧：提升管理水平，没有加班。

公司管理，在团队、时间、地点、成果等要素之中，管理者最想要的是什么？是成果、成果、成果！

提升我们的管理水平，上班的人员不再是聘用制员工，而是合伙制员工。从设岗到“选、育、用、留、晋”全面做好，让团队成员爱上企业、爱上自己的岗位。

第二板斧：强化培训，不用加班。

团队需要加班的情况，大多是因为工作量大、工作能力不足、其他岗位耽搁影响、临时增加工作等。当团队出现频繁加班现象时，管理者就必须重视，且要分析原因，切勿认为“员工加班”是好企业的表现。

针对加班现状，解决思路是“三加一减”：加人、加薪、加能力、减量。其中加能力需要团队培训，包括强化工作胜任能力培训、部门协调配合能力培训、突发情况处理能力培训、沟通技能培训、岗位操作规范培训、优化工作流程培训、工作总结与计划能力培训、积极主动意识与执行力培训。

第三板斧：重塑体系，享受加班。

给团队制作一个“盲盒”体系，让大家享受工作，加班并非加班，而是在“玩”。

给团队一个基本框架：具体如何做，让“新生代”员工自己去搭建，把主动权交到他们手上而非公司手上。

给团队一个基本规则：让他们自己去抉择，让他们拥有更多参与感，而并非只能按部就班去执行。

给团队一个晋级标准：让他们自己去寻找晋级方式，把完成任务的时间和进度，全部交托到他们自己的手上。

给团队一个资源列表：什么情况下独立完成，什么情况下需要借助外力，可以寻求哪些外力，让他们自己去判断，激发他们不断思考分析的主动性。

给团队一个费用预算：相信他们，具备处理预算的能力，相信团队会更加珍惜企业提供的平台。

给团队一个明确目标：经验、阅历是团队的短板，当给了他们前行的方向，冲劲、活力就是团队的长板。

给团队一个对标模板：树立标杆和榜样，让团队知道企业需要什么样的人。

给团队一个加班福利：点餐、交通补贴、换休、攻克一个个难关后的经验值增加……不是企业让你加班，而是，有这么好的福利，你要不要在公司多待一会儿？

5.3 会“修路”：如何做到“对事不对人”

常修路：对事不对人。

场景案例

很多年前，我为一家企业做诊断咨询，那家公司的办公室在一幢豪华写字楼里，落地玻璃墙，非常气派。

透过总经理办公室的窗子，我无意间看到有来访客人因不注意，撞上了高大明亮的玻璃门，大约过了不到一刻钟，竟然又看到另外一个客人在同一个地方撞到玻璃。

前台接待人员忍不住笑了好几次，那表情明显是在说：“这些人也真是的，这么大的玻璃居然也看不见，眼睛长哪里去了？”

这一幕，我与总经理都注意到了，我不禁问道：“以前这儿也有过撞玻璃的事吗？”他答：“好像也有过”。因为比较熟，我就问道：“你觉得有什么问题吗？”

总经理知道我不会无缘无故问这个问题，反问：“老师，你看到了什么问题？”

我开玩笑道：“有一点是肯定的，那就是你们的玻璃擦得实在太干净了，以至于走路的人误以为这里没玻璃。”

案例解析

其实我们都知道，解决问题的方法很简单，就是在这扇玻璃门上贴一个标识即可。关键是，为什么这里多次出现意外，却没有人来解决呢？

这一现象背后，隐含着一个重要的解决问题的思维方式，即“修路原则”。

当一个人在同一个地方出现两次以上同样的差错，或者两个以上不同的人在同一个地方出现同一差错，那一定不是人有问题，而是这条让他们出差错的“路”有问题。此时，作为管理者，最重要的工作不是管人——要求他不要重犯错误，而是要“修路”。

随着大量的“新生代”涌入职场，很多管理方法需要迭代，职场需要“整顿”。这条“整顿职场”的路应该由我们管理者完成。

管理三板斧

如何做到对事不对人地“整顿职场”？

第一板斧：培训、培训，还是培训。

员工培训，多样性很重要。

很多公司拥有很多常规培训，如入职培训、技能培训、文化培训甚至拓展训练等，但很多领导都会忽略职场当中的“案例培训”。

在公司最壮大的时候，我们有40多家分公司，三四千名员工，要管理如此庞大的队伍，不让一些错误一犯再犯，我选择的就是“案例培训”。怎么做呢？当时，我负责客服体系的管理，我就让全国每一个分公司的客服经理，每周提交两个典型的工作案例，一个和客户有关，一个与员工成长有关，同时记录下解决方法。我每月会进行一次全国客服经理的视频培训，针对各分公司提交上来的案例，我会细致分析，同时请全国的客服经理讨论更好的解决方案。

这样的案例培训，至少能给员工带来3个收获：

第一，收获了经验。了解了自己不曾经历过的案例，对于未来可能发生的事情，有了预案。

第二，开动脑力，提升了解决问题的能力。而且学习到每一个问题，至少能有3种解决方案。

第三，记录的过程，就是一个复盘的过程。在分析案例的过程中，我会将一些解决方案直接变成客服部统一的规则。比如，大家都反映培训现场，会有客户突发头痛肚子痛等小疾病，而现场是没有药的。如果临时去买，要自己垫钱，很多员工担心没法报销。针对这个问题，我立刻拍板了两项现场“规则”：（1）所有的培训现场，药品必备，每半年一轮换，开支做进预算；（2）所有的现场助教，开课前都发300元备用金，无须任何请示，只要发现客户有紧急情况，自行处理后核销财务账。

通过别样的案例培训，我们可以最快速度提升员工的综合素养、解决问题的能力，大家再也不那么容易被“路障”绊倒了。

第二板斧：明确规定“修路”责任人，发现问题，立即修“路”。

很多公司都存在一个问题——公司的玻璃门实在让人搞不懂是“推”还是“拉”？但很多公司都对这个问题“视而不见”。贴两个标签就能解决的问题，为什么大家“事不关己，高高挂起”？

那是因为没有明确责任人。

在职场，我们可以按行政区域划分责任部门，可以按工作职责划分责任人，划分清楚后，再加检查监督人，就不会有“路障”死角。

从总经理开始倡导执行，HR部门作为检查监督部门，“修路”这件事就可以执行推进了。

第三板斧：去掉情绪，每次进步一点点。

“对事不对人”背后，隐含的其实是我们的情绪，正是因为情绪上头，所以很多时候做不到“对事不对人”，最后导致事情没有解决，员工还被我们“骂”了一通。

所以，管理者去掉情绪是非常重要的。

我们可以提醒员工改进做事方式，如可以客观指出他们的时间观念、工作态度、说话方式或者工作效率等需要进一步提升，但不应批评员工：愚昧、一无是处、撒谎等。或许他们需要重新接受培训、重新定岗、再教育或是适用新的激励机制，但绝不能因此在职场里被“人身攻击”。

优秀的公司，本质上都是从细节处开始做起，优秀的细节坚持千百次，也就促成了大格局的事业。

将每一件小事情，每次优化一点点；将管理者的情绪，每天控制一点点，就能在团队管理实践和操作的层面上形成创新，一种用变革、变化表现的创新。

5.4 会开会：用好会场，团队潜能将被无限激发

我不想听的时候，硬要我开会培训，我就算听了也白听……

场景案例

讲一件职场发生的事，主人公一位是40岁出头的高管，另一位是“00后”的新入职员工兰兰。

高管：“兰兰，老板的《商业讲堂》为啥不报名？”

兰兰：“《商业讲堂》有线上会议吧，我才22岁，我怕

是听不懂。”

高管：“是不是因为上课时间，是在下班后？”

兰兰：“那肯定也是啊，没理由让我下班后还开会听课。我下班后只想回家躺着。”

高管：“下班听课开会是福利，年轻时候不学习，老了再学啊？你年纪大了，可以天天在家躺着，现在就别着急回家躺了吧？”

兰兰：“主要是这课，和我未来想发展的路没啥相通的点儿；虽然说活到老学到老，但是内容太深奥了，我听不懂。然后就是，确实啊，可以上班开会，干吗下班开会？”

高管：“你去听了，就知道未来的路在哪里了。上班开会听课哪里有时间？这里可是深圳！”

兰兰：“人各有志，咱不要搞道德绑架，有些人就是想闲着；我没啥太大的赚钱的心，就是想一步步踏实地走。”

高管：“踏实走和赚钱哪里冲突？我想说的是，老板讲的更多的是一种选择，不是你表面看的题目，他讲的是背后的逻辑。”

兰兰：“对啊，我选择了，我要回家。”

高管：“没法对话了，工作做完当然可以回家，也不会强迫你去听课。”

兰兰：“我想听的时候肯定会听，你不讲我都要问你这个问题怎么解；但是不想听的时候，硬要我开会培训，我就算听了也白听。”

案例解析

老板们是不是对这个案例特别感同身受？为什么公司组织培训或者开会，让员工学习，员工完全提不起兴趣，甚至还有反感情绪？

因为，现场的状态可能常常是：

1.话多时间长，还常常没有主题；

2.没有PPT就不叫开会，各种“秀”；

3.常常临近下班，或者周末才召集；

4.开会人员很多并不是“非参加不可”的人员；

5.无休止地扩大范围去讨论一个问题，“会霸”与“参会不参言”时有发生。

使用正确的沟通方法和高效的工具才能最大化地提升

开会效率。否则就是老板偷懒，把本该自己承担的决策任务，交由团队承担。

管理三板斧

给大家分享组织会议的7个妙步骤：

步骤1：确定会议必要性。不必要的会议坚决不开。

步骤2：确定会议目的。主题必须明确不含糊，一事一议。开会议题太多，既冗长又无法当下解决，得不偿失。

步骤3：确定并通知参会人员。明确具体参会人员，决策和执行要分清楚。很多无效会议，就是因为明明是"决策会议"，却邀请了一群执行人员参与，导致参与人员云里雾里，干脆"参会不参言"。

步骤4：做好充分的会前准备。包括但不限于文件、流程、物资、摄影摄像、主持人等。这个环节应准备好会务检查表，明确执行者和检查者。

步骤5：会议控制。明确主持人引导、主题控制、流程控制、共识控制。应按会议节奏进行，准备时间提示板，若有超时，应及时提醒。

步骤6：总结与反馈。必要时将会议纪要、会议过程记录、会后要求等反馈与会人员。

步骤7：会后执行。执行的主体、进度、要求与目标、监督者等都要明确并形成检查监督表，让每一项会议确定下来的任务都监督执行到位。

我的小故事

拿我们公司的“总经理管理例会”来举例，用“六步”将一场会议安排得明明白白。

第一步：控制体系。

（1）时间控制：时间应控制在45～60分钟；

（2）问题控制：个别问题一定开专题会解决。

第二步：要求体系。

（1）固化时间和内容，形成会前准备的习惯，提高会议效率；

（2）组织者做好会前梳理和会中引导，充分发挥主导作用；

（3）群策群力充分沟通，更好地发现机会，找出问题解决问题。

第三步：说事儿体系。

（1）每位发言者只说与其他与会者多方相关联的事儿，少说关联度低的事儿，不说自己单方的问题；

（2）公司战略层面的事儿不在例会上说；

（3）大家集中讨论，而不是一个人说；

（4）重要的事儿多说，不重要的事儿少说。

第四步：培养人体系。

（1）非老板主持例会制，即一般情况下，总经理或者部门主管主持会议，老板少参加例会，在这过程中，一定要建立老板与管理团队的信任机制：

（a）总经理对老板进行周工作汇报制；

（b）老板每周固定时间接待固定部门制；

（c）会议纪要呈报制。

（2）可建立周例会开放日、优秀员工列席制，必要时可请专家、客户和合作伙伴列席。

（3）摄像记录，可供相关人员学习。

（4）必要时，建立会议进程网络监控制。

第五步：总结与共识体系。

（1）最后一定要留5分钟时间，作为会议共识回顾时间；

（2）会议记录汇报和公示，及时传达给领导和与会人员。

第六步：执行体系。

（1）将会议决议纳入考核；

（2）各部门会后，传达并布置工作任务。

5.5 会设计：流程设计“游戏化”，团建将无处不在

周末的公司团建我不想参加，给加班工资也不去。

场景案例

疫情过后，好友的公司除了恢复日常业务，也想组织一场周末团建，好好把士气提升提升。

让他始料未及的是，公司“00后”的新人纷纷表示不想参加。

他很惊讶：“公司出钱出力组织你们出去玩，你们还不

买账？！”

不得已，他让HR部门出面“调查”一下真实原因。

不问不知道，一问吓一跳：原来，“00后”觉得公司组织的团建占用了他们的正常休息时间。在他们看来，上班时间属于公司，下班后和周末是属于自己的时间，不想被“霸占”。至于老板想提升的“士气”，好像和他们并没有什么关系。

更多员工表示：“周末是我们的线上‘游戏日’。”

案例解析

游戏里的世界很精彩，有绚丽多彩的新技能，有流光溢彩的超神装备，可以瞬间让主角变得不可一世。在游戏中，他们享受其他人崇拜的眼光，体验到在现实中没有感受过的虚荣，感受到前所未有的成就感。换句话说，在公司里，他可能被领导呼来喝去；但在游戏里，他可能是“王”。而且，他在游戏里“呼朋唤友”，可以成为“另一个人”，其不为人知的另一面，得到完全的释放。所以，他更热衷于游戏里的“团建”，因为在游戏中，他能放松、快乐、充满成就感。

举一反三，如果我们能把“游戏”运用到工作中，也让员工获得快乐和成就感，那么是否组织团建就不重要了。

另外，作为管理者，我们还肩负另一项职责，那就是培养团队的成长性，不同阶段的“游戏”是不同的。

管理三板斧

怎么让工作像打游戏一样充满乐趣呢？让我们重新设计我们的工作吧，“团建”将会无处不在。

第一板斧：设计工作乐趣的底层逻辑：挑战、放松、陪伴。

工作乐趣一般有以下几种：挑战的乐趣、放松的乐趣、陪伴的乐趣。克服困难是一种乐趣；心灵和身体上体验到一种休闲享受的感觉，也是一种乐趣；与他人共同面对和解决问题，相互陪伴，那也是乐趣的一种独特体验。

第二板斧：游戏化设计在工作中的具体运用。

岗位的游戏化设计：游戏里不同的角色对应不同的经验值，不断“学习”和获得“武器”会让经验值增加，从而更快更好地完成任务。我们不妨根据岗位性质和具体工作内容设置“岗位经验值”和“项目经验值”，并将其与绩效奖金挂钩。不同的岗位和岗位的级别所获得的经验值不一样；而当项目完成后，员工即可以根据项目的金额以及客户满意度获得相应的经验值。

激励制度的游戏化设计：游戏里，当过关斩将成功时，都会获得阶段性的装备、金币等实时奖励，使人不断受到激励而进入下一关。我们不妨在工作里多设计一些“关卡”，比如，接到项目，实行公司内部小组竞标制，竞标成功以及实施成功的给予奖励；设计一些初级、中级、高级目标，不同的目标对应不同的物品以及现金奖励。不同的奖励级别让员工明确自己想要挑战的目标，可以有效激发员工的好胜心，在工作中一争高下。

工作环境的游戏化设计：这里可以分为办公环境和人文环境。办公环境，可以由各个部门自行布置，形成该部门独有的文化氛围；增加咖啡吧、植物区、桌球区，让员工有放松休闲的场所；也可以设计一些额外奖励员工的特殊金币，这些金币可以兑换饮品或者休息时间。

第三板斧：游戏化管理的实践案例。

《罗辑思维》是由罗振宇主讲的一个脱口秀节目，它受到了年轻人的热烈追捧。节目之所以这么火热，不仅仅是因为罗振宇知道年轻人需要什么，更因为他懂得“新生代”员工应该怎么“管”。

在常规的管理模式里，员工的成长方式无外乎升职加薪，但在实际的管理中，我们会发现，这两点很难获得“新生代”员工的青睐，不是说升职加薪不重要，而是他们感觉：真的太难了，干脆“躺平”……

《罗辑思维》节目之所以做得好，正是抓住了“新生代”员工的心理，改变了传统的奖励模式，制定了一种虚拟货币叫“节操币”。它对团队来说，不仅是一种奖励，还是一种管理机制。

首先，“节操币”这个名字很有“料”，是年轻人喜欢的。其次，公司每个月都会发10张“节操币”，每张“节操币”相当于人民币25元，故总计250元，而“250”是人们在生活中互相打趣、调侃的常用语，“节操币”让年轻人感觉有趣。

这些虚拟币可以用于附近餐厅和咖啡馆的消费，员工还可以获得打折和贵宾待遇，到了月底，公司再与这些商家结算。有意思的是，“节操币”并不是通过努力获得，而是员工之间相互赠送，而且必须公开赠送。公司每个月都会公示每个人的“节操币”，并且会对这些“节操币”背后的故事进行具体说明，然后评出当月的“节操王”。获得“节操王”称号的员工，会在年底多领到3个月的月薪奖励。这种公开的数字和交易模式，能够直观地看出每个员工与他人沟通协作的能力。

也许有些管理者会担心，这样的方式，会不会出现不好的人际关系导向。其实不然，因为整个环节都会公示，而年轻人都极度渴望公平公正；“节操币”的操作模式，给了他们主动创造公平和民主的权利，让由上而下的管理变成了横向的互动，而这个时候的管理，就变得简单多了。

这种制度下，会有一部分员工有压力，也会有一部分员工认为自己的能力无法匹配而选择离开。但大部分的员工会通过提高自己的能力来缓解压力。在这种快乐的文化氛围中，不够积极主动上进的、无协作精神的员工将被自动淘汰，而公司也可以以最低的管理成本和最快的速度实现人力资源的优化。

5.6 会带团队：通过团队拿结果，通过结果培养团队

场景案例

一家有影响的公司，计划招聘储备干部，9名优秀的“00后”经过初试，从上百人中脱颖而出，闯进了由公司老总亲自把关的复试。

老总看过这9个人的详细资料和初试成绩后，相当满意。因为此次招聘只能录取3个人，所以，老总给大家出

了最后一道题。

老总把这9个人随机分成甲、乙、丙三组，指定甲组的3个人去调查本市婴儿用品市场，乙组的3个人调查妇女用品市场，丙组的3个人调查老年人用品市场。老总解释说：“我们录取的人是来开发市场的，所以，你们必须对市场有敏锐的观察力。让大家调查这些行业，是想看看大家对一个新行业的适应能力。每个小组的成员务必全力以赴！”

临走时，老总又补充道：“为避免大家盲目开展调查，我已经叫秘书准备了一份相关行业的资料，出发前你们自己到秘书那里去取。”

两天后，9个人都把自己的市场分析报告提交给了老总。老总看完后，站起身来，走向丙组的3个人，与之一一握手，并祝贺道：“恭喜3位，你们已经被本公司录取了！”

为什么这么快就决定录取丙组？看见大家疑惑的表情，老总解释道：“请大家打开秘书给你们的资料，互相看看。”

原来，9个人得到的资料都不一样，甲组的3个人得到的分别是本市婴儿用品市场过去、现在和将来的分析，其他两组的也类似。

老总解释：“丙组的3个人很懂得合作，互相借用了对方的资料，补全了自己的分析报告。而甲、乙两组的6个人却分别行事，抛开队友，自己做自己的。我出这样一个题目，其实最主要的目的，是想看看大家是否有团队合作意识。甲、乙两组失败的原因在于他们没有合作，忽视了队友的存在！要知道，团队合作精神才是现代企业成功的保障！”

案例解析

一位人力资源专家指出：“现代年轻人在职场中普遍表现出来的自负，使得他们在融入工作环境方面极其缓慢和困难。他们缺乏团队合作精神，喜欢单打独斗，不愿和同事一起想办法，每个人都会做出不同的结果，最后对公司一点儿用也没有。”

对公司而言，单个人的成功不是真正的成功，团队的成功才是真正的成功。

在专业化分工越来越细、竞争日益激烈的今天，仅靠一个人的力量是无法面对千头万绪的工作和瞬息万变的市场的。一个人可以凭借自己的能力取得一定的成就，但把所有人的能力结合起来的团队，能为公司带来更大的成就。

通过团队拿结果，通过结果培养团队，这是管理的核心。

管理三板斧

该如何培养“新生代”的团队精神呢？来看以下秘籍：

第一板斧：千斤重担人人挑，让每个人都参与其中。

无论是什么类型的目标，自愿式还是分配式，管理者都要让所有成员参与其中。成员干活越多，付出的时间、精力、情感越多，他对团队的感情也就越多，对公司的理解也会更深刻。

《西游记》里的唐僧团队，从外在来看，并不是一个十分理想的组织。但就是这样一个有诸多不足的团队，却取得了西天取经的重大胜利，不得不说这是团队成员共同努力的结果。他们各司其职一起打怪，共同历经九九八十一难，最终取得真经。

团队的成功由每位成员的努力铺就，而当团队成功时，成员自然也是成功的，他们心中不仅会有因为自己获得成功的喜悦，也有帮助他人、帮助团队获得成功的满足，同时还有得到他人帮助而获得成功的幸福感。

第二板斧：好态度是成功的基石。

比起能力，拥有好的态度，更容易让团队获得成功。因为，好的态度会让员工在遇到问题时，放下借口，积极想办法解决。

另外，在团队中，如何化解分歧？

那就是立场要坚定，态度要热情。

当你怀着解决问题的态度与同事沟通时；当你满脸微笑与同事讨论问题时；当你谦虚地听取同事们的意见时，相信这个团队一定是能够共享成功的。

第三板斧：利益捆绑，文化先行。

管理者在制定制度时，如果能将一个团队的利益都捆绑在一起，那团队共同进步的动力就会很足。

利益捆绑的方法有很多：

1. 团队分红。

2. 团队绩效奖金。

3. 团队持股。

4. 团队完成任务奖励带薪休假。

……

当然，在利益的驱动下，如果能有企业文化“保驾护航”，那这个管理者一定很高明。

后 记

一个阶段的结束就是另一个阶段的开始。通过书写本书，我和“00后”的关系更加紧密且更加相互信任。我一直按照“践行者”的标准来严格要求自己的一言一行，我可以，也坚定地相信，看书的你一定也可以！

“万物皆有裂痕，那是光照进来的地方”，这是我非常喜欢的一句话，人非圣贤，岂能无过。对于我们管理者来说，管得好，那是公司好；管得不好，那就是管理者的问题。如何在“裂缝”中生存，让光照进来，是我们要时时修炼的课题。有问题不可怕，因为我们管理者的任务就是面对问题，解决问题，与时俱进，学习成长，成人达己。让我们一起知行合一，坚信“00后”不用管，革自己的“命”，打造内驱型团队，让企业再攀高峰！

一起加油！